农产品直播带货一本通

NONGCHANPIN ZHIBO DAIHUO YIBENTONG

陈　盛◎主编

甘肃科学技术出版社

图书在版编目（CIP）数据

农产品直播带货一本通 / 陈盛主编 . -- 兰州：甘
肃科学技术出版社，2020.12
ISBN 978-7-5424-2801-1

Ⅰ . ①农… Ⅱ . ①陈… Ⅲ . ①农产品—网络营销
Ⅳ . ① F724.72

中国版本图书馆 CIP 数据核字 (2020) 第 272860 号

农产品直播带货一本通
陈 盛 主 编

责任编辑　杨丽丽
封面设计　九章文化
版式设计　九章文化
封面供图　图虫公司

出　版　甘肃科学技术出版社
社　址　兰州市读者大道 568 号　730030
网　址　www.gskejipress.com
电　话　0931-8773023（编辑部）　0931-8773237（发行部）
京东官方旗舰店　http://mall.jd.com/index-655807.html

发　行　甘肃科学技术出版社　　印　刷　北京毅峰迅捷印刷有限公司
开　本　880mm×1230 mm　1/32　印　张　9　字　数　195 千
版　次　2021 年 6 月第 1 版
印　次　2021 年 6 月第 1 次印刷
印　数　1~10000
书　号　ISBN 978-7-5424-2801-1　　定　价　23.90 元

目录
Contents

第一章

直播带货成为农产品营销的创新方式

第一节　直播等购物方式深度渗透人们的生活

2020 年 9 月 29 日，中国互联网络信息中心（CNNIC）在京发布第 46 次《中国互联网络发展状况统计报告》，数据显示，截至 2020 年 6 月，我国网民规模达 9.40 亿，较 2020 年 3 月增长 3625 万，互联网普及率达 67.0%，较 2020 年 3 月提升 2.5 个百分点；我国手机网民规模达 9.32 亿，较 2020 年 3 月增长 3546 万，网民使用手机上网的比例达 99.2%，与 2020 年 3 月基本持平；我国农村网民规模为 2.85 亿，占网民整体的 30.4%，较 2020 年 3 月增长 3063 万；城镇网民规模为 6.54 亿，占网民整体的 69.6%，较 2020 年 3 月增长 562 万。

与五年前相比，移动宽带平均下载速率提升约 6 倍，手机上网流量资费水平降幅超 90%。"提速降费"推动移动互联网流量大幅增长，网民的人均每周上网时长达到

28 个小时；2020 年 1~6 月，移动互联网接入流量消费达 745 亿吉比特，同比增长 34.5%。

随着网络覆盖工程的深入拓展，农村和城市"同网同速"的时代正在到来，为网络扶贫提供坚实助力。截至 2020 年 6 月，农村地区互联网普及率为 52.3%，较 2020 年 3 月提升 6.1 个百分点，城乡地区互联网普及率差异缩小 6.3 个百分点。

与网络普及率持续提升相对应的是，我国网民的网络购物市场发展快速。截至 2020 年 6 月，我国网络购物用户规模达 7.49 亿，较 2020 年 3 月增长 3912 万，占网民整体的 79.7%；手机网络购物用户规模达 7.47 亿，较 2020 年 3 月增长 3947 万，占手机网民的 80.1%。网络购物市场保持较快发展，下沉市场、跨境电商、模式创新为网络购物市场提供了新的增长动能：在地域方面，以中小城市及农村地区为代表的下沉市场拓展了网络消费增长空间，电商平台加速渠道下沉；在模式方面，直播带货、工厂电商、社区零售等新模式蓬勃发展，成为网络消费增长新亮点。

因创作门槛低、碎片化获取信息、娱乐性强、传播速度快等特征，2016 年开始，短视频、直播行业快速崛起。据第 46 次《中国互联网络发展状况统计报告》显示，截至 2020 年 6 月底，我国短视频用户规模达 8.17 亿。

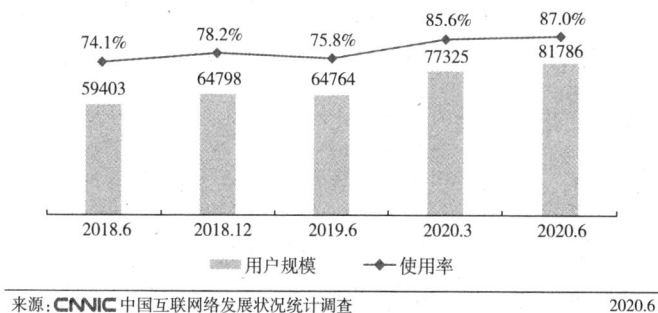

来源：CNNIC中国互联网络发展状况统计调查   2020.6

图 1-1 2018.6—2020.6 短视频用户规模及使用率（单位：万人）

　　短视频加快与电商、旅游等领域的融合，探索新的商业模式。在电商领域，一方面，各大电商平台纷纷以独立的短视频频道或应用的方式引入短视频内容，利用其真实、直观的特点，帮助用户快速了解商品，缩短消费决策时间，吸引用户购买；另一方面，短视频平台通过与电商合作的方式，打通用户账户，吸引用户直接在短视频应用内购买商品，形成交易闭环。

　　随着短视频、直播与电商、旅游等领域的深度融合，种商业模式不断创新，农产品也借势突破，广大农民通过这种互动强、灵活便利的方式进行农产品的销售，实现脱贫致富。例如，根据《湖南日报》报道，在湖南省邵阳市邵阳县罗城乡保和村，省政协办公厅驻村帮扶工作队邀请短视频平台，通过拍摄抖音视频的方式帮助农户线上销售

"保和鸡"。2018 年来，该村采取"公司＋基地（合作社）＋能人＋贫困户"扶贫模式大力发展"保和鸡"生态养殖产业，已建成养殖基地 7 个，带动贫困户 42 户养殖鸡苗 2 万多羽，并邀请专业短视频拍摄团队来村里培育电商经纪人，借助短视频平台进行线上销售。

与短视频一样，更早兴起的网络直播仍然处于蓬勃发展的增长期。根据第 46 次《中国互联网络发展状况统计报告》，截至 2020 年 6 月，我国网络直播用户规模达 5.62 亿，较 2020 年 3 月增长 248 万，占网民整体的 59.8%。其中，电商直播用户规模为 3.09 亿，较 2020 年 3 月增长 4430 万，占网民整体的 32.9%。

来源：CNNIC 中国互联网络发展状况统计调查　　2020.6

图 1-2　2017.6—2020.6 网络直播用户规模及使用率（单位：万人）

2020 年上半年的新冠肺炎疫情对于网络直播行业产生了明显影响，电商直播成为 2020 年上半年发展最为迅猛的互联网应用之一。数据显示，2020年上半年国内电商直播超过1000万场，活跃主播数超过40万，观看人次超过500亿。电商直播的蓬勃发展主要得益于以下三方面因素：

在政府层面，电商直播成为各级政府提振经济、拉动消费的新增长点。针对上半年新冠肺炎疫情期间国内外市场变化，党中央明确提出建立以国内大循环为主体、国内国际双循环相互促进的新发展格局。在这一背景下，电商直播对于激发消费潜力的作用得到良好体现，成为建设内需大循环的重要力量。浙江、广东、四川等地方政府积极鼓励引导这一新型业态，通过出台优惠政策、吸引专业人才、建设产业园区等方式支持辖区内电商直播业务的发展。

在企业层面，各大互联网公司的涌入使得电商直播迅速发展壮大。上半年，无论是以淘宝、拼多多为代表的电商平台，还是以抖音、快手为代表的短视频平台，甚至以百度、搜狐为代表的传统互联网公司，都陆续加大了电商直播的布局力度，推动电商直播在短时间内聚集了大量人才、资金和媒体资源，为上半年的爆发性增长奠定了基础。

在用户层面，电商直播激发了新冠肺炎疫情期间用户的线上购物需求，并与抗疫救灾、助农脱贫等目标相结合，增强了用户购物过程中的获得感。以央视在微博推出的"谢谢你为湖北拼单"公益行动为例，该直播通过央视新闻主播与职业电商主播共同为湖北特色产品进行宣传，吸引了 1091 万用户同时在线收看，单场销售额就超过 4000 万元。

可见，网络服务的普及，让短视频、直播更加便利地走进人们的日常生活，成为一种生活方式。

第二节　短视频、直播的特征

一、短视频的特征

百度百科对短视频的定义是，在各种新媒体平台上播放的、适合在移动状态和短时休闲状态下观看的、高频推送的视频内容，几秒到几分钟不等。内容融合了技能分享、幽默搞怪、时尚潮流、社会热点、街头采访、公益教育、广告创意、商业定制等主题。由于内容较短，可以单独成片，也可以成为系列栏目。

从特点上来说，不同于微电影和直播，短视频制作并没有像微电影一样具有特定的表达形式和团队配置要求，具有生产流程简单、制作门槛低、参与性强等特点；相比直播，短视频的传播价值更高。

因为制作周期短，内容趣味性强，短视频制作团队的文案以及策划功底要比较强。在实践中，优秀的短视频制作团队通常依托于成熟运营的自媒体或 IP，不但要有高频稳定的内容输出，还要有强大的粉丝渠道。

一些研究机构认为，短视频是指播放时长在 5 分钟以下的网络视频，社交属性强、创作门槛低、观看时长和场景便捷等是它的特征。移动互联网时代内容消费碎片化，而短视频更加符合这种消费习惯。

从现有的短视频定义以及实践来看，短视频其实就是一种时间比较短的视频，时长一般不超过 5 分钟，制作的限制条件少，普通用户通过简单的学习便可制作并发布属于自己的短视频，还可以将其分享到各大社交平台。短视频应用不断出现，用户可以利用短视频这一新兴信息载体来获取自己喜欢的新鲜内容，并进行社交分享，改变了人们以往通过图文获取资讯和进行社交的方式。短视频是一种碎片化的资讯获取和社交方式，在生活节奏越来越快的时代，越来越受到人们的欢迎。

其实，按照时长，还可以将短视频进一步细分：

微视频：10 秒 ~1 分钟，如朋友圈小视频、抖音。

短视频：1~5 分钟，这类视频比例最大。

长视频：5~20 分钟，如微电影、宣传片。

总结一下，短视频有哪些特征呢？

1. 创作门槛低

短视频的制作不一定需要专业的制作团队，也不一定要价格昂贵的摄制设备，甚至不需要专门的精雕细琢的剧本，一个人、一部智能手机就可以随时随地制作一个短视频。当然，如果要制作传播范围广、观众认可度高的优质短视频，一些必要的设备和准备工作还是不能少的，如内容创意、软硬件设备。如果能有一个专业团队来操作，也会大大提升短视频的质量。

2. 社交属性

短视频刚出现的时候，主要是在社交平台传播，内容是否具备一定的社交属性，决定了该视频能不能和用户产生交互，话题能不能引起广泛传播，从而决定了其传播速度和广度。这就要求短视频制作时要遵循社交平台全新思维，以用户需求为出发点，捕捉用户情感，引发共情共振，合理组织视频内容、形式，把握信息传播的节奏感。

和长视频相比，短视频在互动性和社交属性上更强，成为消费者表达自我的一种社交方式。短视频表达的主题和内容更加直接突出，要求制作者在短短几十秒到几分钟内用特色的内容和灵活的形式吸引观众，带给他们共鸣和认同。和直播视频相比，短视频在传播性上更强，便于全网内容分发和消费，利于互动。

3. 碎片化

移动互联网时代，人们观看视频的场景从台式电脑转向智能手机，设备的轻巧使得观看场所更加自由、局限性更小，人们可以随时随地利用碎片化时间来观看。短视频无论是制作、播放还是欣赏、互动，都具有用时短、不受地域、时空局限的特征。视频的制作可以兴之所至，即兴而为，观看也可以利用闲暇的零散时间快速欣赏。尤其是随着移动互联网的发展，短视频的观看场景也日趋多样化，地铁、公交、商场、公司、公园等都可以成为用户随时打开短视频放松一下的场所。

4. 横屏、竖屏适应不同浏览习惯

按照浏览方式，短视频可分为横屏短视频和竖屏短视频两种，以适应不同的视频观赏习惯和内容。竖屏短视频如快手、抖音，更适应快速切换浏览和音乐短视频内容；横屏如西瓜视频、秒拍，更适应相对长时间观看、播放由长视频剪辑成的短视频内容。

5. 信息传播高效

短视频能将关键信息压缩在较短长度内，能够在这段时间内对用户产生持续吸引力。短视频不只是长度变短，更是在保证内容完整度的基础上强化信息浓度。这种信息

浓度不仅指整体信息的浓度，也指播放过程中的实时浓度，只有保证短视频中每一帧的声音、字幕、镜头语言都做到信息浓度最大化呈现，才能取得较高的完播率和收看效果。

二、直播的特征

《2017 中国网络表演（直播）发展报告》显示，2017 年我国网络表演（直播）市场整体营收规模达到 304.5 亿元，比 2016 年的 218.5 亿元增长 39%。网络表演（直播）已经成为网络文化内容供应、技术创新、商业模式创新的代表，是网络文化市场的重要组成部分。

2016 年被称为我国的移动互联网直播元年，直播平台和观众的数量都呈现出井喷式发展态势。从互联网直播的发展历程看，直播的历史大概可划分为四个时期：

互联网直播的 1.0 时期，以个人电脑终端的秀场直播为代表。

互联网直播的 2.0 时期，以游戏类直播为代表。

互联网直播的 3.0 时期，以移动直播、泛娱乐直播为代表。

互联网直播的 4.0 时期，以微鲸科技、花椒直播等

VR 直播为代表。

按照直播内容，现在的直播平台主要可以分为以下几类：

传统秀场直播，以音乐经济等为主打重点，内容主要是唱歌、跳舞、才艺表演等。直播平台的主要特点是发展最早，市场格局相对稳定，主播复制性高，竞争门槛不高。

游戏直播，重点主打游戏经济，直播内容主要是主播玩游戏的过程和解说。游戏直播平台的主要特点是发展迅速，但主播复制难度大，竞争门槛相对较高。

泛娱乐类直播，以泛娱乐的内容为重点，主要有演唱会、户外等直播形式。泛娱乐直播平台的主要特点是发展迅速、收益丰厚，对直播的要求更高，竞争门槛较高。

资讯类直播，以新闻等资讯为特色，内容主要是各类新闻事件等。资讯直播平台主要有今日头条、腾讯新闻等，其主要特点是专业性强，行业门槛较高。

其他垂直类直播则主要关注各类细分领域，直播内容主要各类专业内容，如商务领域的微吼，教育领域的学霸君、各类网校，财经领域的知牛财经、易直播财经平台、掘金直播、点点财经直播等。其主要特点是用户分众，定位清晰。

互联网直播相比于电视直播和其他媒体形式，不仅表现形式丰富，而且在场感、互动性、实时性都比较强，能够给用户提供更好的用户体验，这是其能够快速发展的本质性原因。而互联网直播发展迅猛的直接原因则是技术进步、娱乐推动以及资本大量涌入等原因。

全世界正处于互联网技术的快速变革期，而带宽技术、智能手机性能的提升为互联网直播提供了良好的基础条件，美颜摄像头、编码硬件、云端存储及 CDN 技术的快速发展，能够使互联网直播更美观、更流畅、更及时地传播。

目前，我国有 200 家左右的互联网直播公司，基本覆盖了直播的各个领域。在国家文化政策支持、网络基础设施和移动宽带加速普及、视频技术日趋成熟、资本助推等利好因素推动下，直播行业前几年高速发展，从 2017 年开始过渡到市场结构化调整、直播平台重塑业务规划时期。直播行业逐渐实现了技术创新、内容创新、产品创新、商业模式创新，政策和技术监管服务形成体系，行业秩序更加规范，行业经营环境更加健康，开始建立清新正能量的行业形象。

根据《2017 中国网络表演（直播）发展报告》研究，整体看，我国互联网直播行业呈现如下特点：

第一，市场发展迅速，行业规范逐步建立。

　　直播行业与其他行业的联系越来越多，"直播+"模式逐渐确立，电商直播、公益直播、传统文化直播、政务直播等内容不断涌现，内容制作也从用户生产内容向专业内容生产模式转型。和网络游戏、网络音乐、网络文学、网络视频等网络文化形式一样，直播平台提供的内容得到了用户的广泛使用，成为网民文化娱乐消费的重要形式。

　　直播能取得如此快速的发展也得益于它重要的社会价值。一方面，直播的各种内容满足了人们丰富娱乐生活的精神文化需求，成为互联网业务的未来方向。好奇心是人生来具有的，直播帮助人们更便捷地接触到日常生活环境外的事物，体验更加丰富。主播与观众通过问答、点播、打赏等方式全方位互动，实现密集化的社交互动，因为共同的兴趣爱好使观众聚集起来，形成情感共鸣。另一方面，直播用户迅速增加，在网民中占的比例越来越高，用户结构不断调整，学历、收入、职级不断提升，带来直播用户人群素质快速提升，对内容生产和消费提出更高要求，倒逼直播内容去低俗、精品化、专业化。实质上，直播有着非常广泛的群众基础，好的直播产品对增强全社会归属感和凝聚力有着独特的优势。

　　主管部门为了规范行业发展，维护市场秩序，针对网络表演经营单位多次开展集中执法检查和专项清理整治工作，为网络表演提供了健康的行业环境，增强了网络表演经营单位的法律意识，提高网络表演者的职业素质。在内容合规方面，直播主播、内容、用户等行为被平台重点监督和管理，违法违规现象大大减少。部分直播平台应对用语粗暴、行为大胆、扰乱公共秩序等不合规直播内容进行有效地调查和监督，同时加强对主播的监管，减少诱导性打赏的行为，同时用户的审核和监管机制也在逐步完善中。

第二，行业竞争进入差异化阶段。

如今，直播已经覆盖了各个领域。其中秀场和游戏是传统互联网直播的主要内容，秀场类直播以 9158、YY 为代表，游戏类直播以斗鱼、风云直播、虎牙等游戏电竞直播平台为代表。除了秀场和游戏直播之外，泛娱乐时尚类以及包括美妆、体育、健身、财经等垂直领域类直播纷纷出现，而且一些大的视频平台如腾讯、秒拍、美拍等也纷纷嵌入直播功能。

2016 年，直播行业出现了融资大战和"千播大战"，进行了一轮大洗牌，此后行业进入深度调整期，部分平台或遭到淘汰或尝试转型。数据显示，截至 2017 年末，全国共有 200 多家公司开展或从事网络表演（直播）业务，较 2016 年减少近百家。

激烈市场竞争状况下，众多直播平台为了避免遭受市场淘汰，展开差异化布局。网络游戏直播平台借助"军事演习"类游戏和王者荣耀、英雄联盟联赛等，巩固内容优势；泛娱乐直播平台在生活、户外等领域的内容生产布局逐步加深；秀场直播平台将更多资源放在网红选秀和才艺表演上，联合直播者制作娱乐节目。

第三，直播内容更丰富，形式更多样。

目前，直播内容日益多样化，直播公司对原创内容的投入力度持续增加。传统的秀场类内容，借助移动 App 载体进行移动化升级，及时更新和优化表演功能；游戏电竞类内容增加了电竞联赛赛事直播、游戏上线直播、泛游戏意见领袖直播、娱乐跨界直播等内容，用户选择面更加广泛，内容偏好占比也居高不下；明星、生活类直播，具有流量吸附效益，一般受到粉丝、特定用户群的追捧，网络传播范围较大，目前直播平台已经开始逐步在此类内容中加入专业节目制作或进行议程设置，从而平衡无效流量和真实用户的问题；体育赛事、综艺、新闻等类型直播，也占据较高的用户偏好比例，意味着用户对直播内容的需求更加深入和细分。

第四，产业链逐渐成熟，上下游体系更加完善。

随着行业的快速发展，直播的产业链日益完善，分工明确，提高了行业经营效率。直播产业链中除了经营主体——直播平台、内容提供商（经纪公司、主播艺人、制作公司、音乐公司）外，还出现了各类技术服务提供商，包括服务器、IDC加速服务商、大数据分析服务商、人工智能图像识别技术的内容审核服务提供商、内容反欺诈服务提供商等。

正是越来越多的高新技术企业和机构的加入和参与，使得直播技术监管以及服务体系更加完善，用户权益得到了更切实的保障，企业经营环境也得到改善，保证了行业更加快速、健康地发展。

第三节　直播带货农产品优势明显

毫无疑问，短视频、直播时代的到来在很大程度上为商家的产品销售和消费者的产品认知提供了便利条件。依托各种各样的短视频、直播平台，消费者从原本的图文购买形式转变为"边看边买"。而对于各种企业、商家而言，短视频、直播营销也是一种全新的营销方式。

短视频、直播营销具有很多其他营销方式不具备的优点。

一、营销策划专业化程度高

短视频、直播营销和普通的网页营销不同，制作营销视频相对来说是一个专业性比较强的工作，不但需要好脚本，还需要好的展现形式，摄像、音响、灯光师等效果也不能少，往往难以靠个人完成，需要组建专门的团队，谋划和实施一次效果突出的短视频、直播营销。因为专业性比较强，别人模仿的门槛也就高，会产生一些独一无二的营销策划案例。

二、品牌形象更加具体、有冲击力

相对于文字来说，视频的视觉冲击力更能将商品植入人的脑海，这如同我们平时看小说和看电视的区别。在看视频的时候，人们的心情会比较轻松，更容易被视频图像带入情节中，这也是短视频的一大优点。视频营销能够更加灵活地传达品牌的形象和产品的效果，能够给人们留下深刻的印象，这也是视频营销手段最成功的地方。好的视频营销内容更能让受众产生共鸣，让人们在头脑中自动形成使用产品或享受服务的幸福感，自然地形成购买意识，减少了对广告的排斥力。

三、趣味性强，观众易接受

短视频、直播营销的一大特点就是趣味性强。我们平时看到一本书，不一定会翻开它看，但是如果我们走在大街上，看到一个播放的视频，很多人会停下脚步来看两秒，甚至就算你不停留，在你看到它的时候，哪怕只看到一个画面，它也已经把一些信息传递给了你。视频能够给人带来一种放松的感觉，而不是像传统的营销方案，让人感到一种拘谨，所以利用短视频、直播进行营销，观众更加容易接受。

四、互动增多

由于短视频、短视频具有多维立体的表现形式，再加上人本身具有好奇的特点，所以用户一般会比较容易接受新的事物，甚至很感兴趣去模仿，很有可能会根据视频广告去模仿这段视频的内容，甚至去形成一段新的视频，结果可能掀起一股模仿热潮。这样无形中就提高了视频的宣传度，从而达到了营销的目的。目前的视频平台很多，只需将视频上传到这些平台以及大的影视网站，就能在短时间内与用户产生互动评论、点赞、转发。策划好的视频内容，很有可能在一夜之间成就一个网红产品。

五、渠道更加宽广

在互联网高速发展的今天，短视频、直播对于很多人来说并不陌生，互联网上的短视频、直播平台也多种多样，营销者可以将视频发到各直播平台上，让更多的人观看，以达到了宣传的目的。随着智能手机的发展，应用移动互联网和智能手机的平台也不断涌现，为视频营销提供了更多的渠道选择。

农产品是所有人日常生活中必不可少的东西。过去由于信息不畅通、物流有局限、部分农民缺乏互联网和市场营销的相关知识，农产品一般由农民卖给经销商，再由经销商卖给消费者，主要利润流向了中间环节，农民和消费者都没有得利；还有一部分农产品由农民运输到附近集市上售卖，辐射距离短，受众面小，销量难以保证。有不少偏僻地区和山区的农民，他们大半辈子务农，种植果蔬、杂粮等，产出的优质农产品也仅仅是卖给周边比较熟悉的村民和熟人介绍来的一些客户，极大地限制了农民增收。而消费者青睐新鲜、自然的特色农产品，但由于途径有限，对农产品了解不充分，难以接触到真正的好的农产品。

在互联网、智能手机等基础设施和设备普及率越来越高的新时代，以农民为主体的自媒体视频创作者，在农村拍摄，以农村原生态地理风貌、风土人情、美食特产等为主要内容，发布到各大社交平台上的短视频、直播等越来越流行。短视频、直播具有互动性强的特征，农民可以和全国各地的观众进行即时互动，打破信息壁垒，农产品信息可以直达消费者。消费者可以通过直播亲自挑选自己满意的农产品。同时，农村越来越便利的物流体系，使消费者可以直接从农民手中购买农产品，通过物流方式接收所购产品，削减了中间环节，砍掉了相当一部分中间费用，农民能以更高的价格卖出农产品，消费者则以更低的价格购买农产品，双方真正受益。

第四节 直播营销的价值

过去的信息传播，主要依靠传统的四大媒体：报纸、杂志、电视台、收音机。传播渠道单一，自上而下，央视播放什么内容，瞬间就能影响全国人。电视在20世纪80年代是影响力最大的媒体。哪家企业、哪个品牌，如果能在央视成为标王，销量就会火箭般增长。秦池、爱多VCD、恒源祥、汇源果汁都是当时的经典案例。

可是如今，你有多久没看电视了？除了老人和孩子，主流的消费人群全部在玩手机。百姓的注意力，随着移动互联网的发展，已经变得更加多元，更加碎片化，营销的难度自然越来越大。

根据媒介360统计的媒体影响力及广告主投放的热度排名图（图1-3所示），我们可以看出，对百姓影响最大的媒体，已经由原来的电视变成了移动互联网，第二名是PC 端，第三名才是电视。而报纸和杂志已经分别沦落为倒数第一和倒数第三。

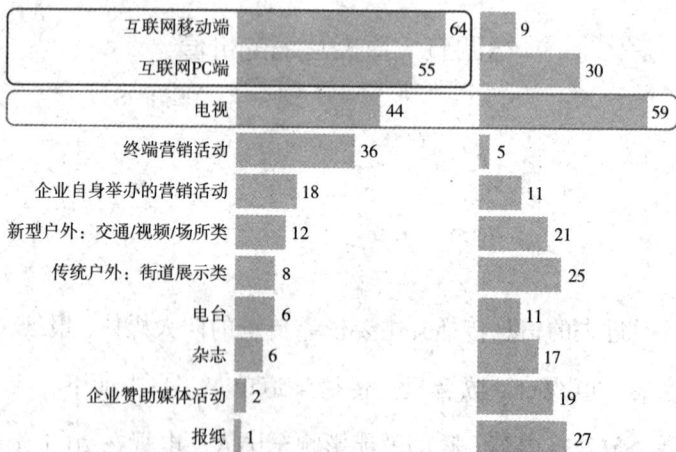

互联网移动端 64 9
互联网PC端 55 30
电视 44 59
终端营销活动 36 5
企业自身举办的营销活动 18 11
新型户外：交通/视频/场所类 12 21
传统户外：街道展示类 8 25
电台 6 11
杂志 6 17
企业赞助媒体活动 2 19
报纸 1 27

图 1-3 媒体影响力及广告主投放的热度排名

有数据显示，一个人的手机平均会下载 34 款 APP，而每天会耗时 1 小时以上的软件只有 1 ~ 2 款。抖音能够抓住年轻人的注意力 1 ~ 2 小时，说明未来的营销潜力是多么惊人。分众传媒电梯广告，也不过是抓住了受众等电梯的几分钟。

目前，更多的明星、商业品牌纷纷入驻直播平台。在直播平台里，内容为王。即使你是鼎鼎大名的明星、专家，如果没有内容，照样没有流量。在直播平台的头部内容发布者中，纯素人（普通人）占据了总人数的 49.1%。而且，作品的影响力并不与其粉丝数成正比，作品内容质量才是传播成功的关键。只要有一个视频成为爆款，普通人就可以一夜成名。有着草根逆袭的内容推荐机制，又有着微博的名人效应，直播营销的发展趋势非常乐观。

对农产品来说，直播有三个最直接的营销价值，下面以抖音为例进行说明。

一、利用抖音直接卖货

图 1-4 是新疆阿克苏糖心苹果。当用刀切开苹果时，观众可以听到苹果被切开时非常清脆的分离声。主人介绍说："这是新疆的阿克苏苹果，非常甜，虽然长得丑，但是个个都有糖心。"

图1-4 新疆阿克苏糖心苹果

所谓的糖心，其实就是苹果切开后能够看到的明显的颜色变化，果核透明是与其他产地红富士苹果进行区别的标志。因阿克苏地区高海拔区域昼夜温差大、光照充足、土壤肥沃，使苹果含糖量高，糖度在 18 度左右，口味特别甜。因采用冰川雪水浇灌、沙性土壤栽培等原因，苹果的果核部分糖分堆积成透明状，形成了世界上独一无二的"糖心"形象。这种特殊的视觉形象，给消费者一种"非常甜"的认知。很多人看到视频就忍不住想购买。

点开视频的评论，大家几乎都在问"在哪里买？价格多少？"如图 1-5 所示，这些人都是非常精准的潜在客户。

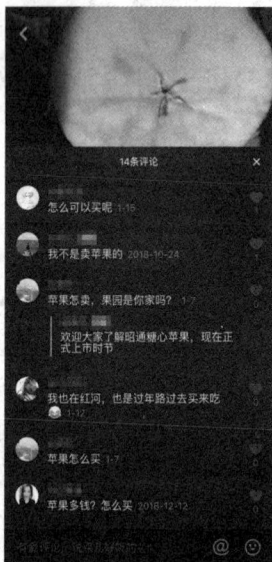

图 1-5　新疆阿克苏糖心苹果视频评论截图

视频营销是一种非常直观的富媒体营销工具。清脆的切苹果声，晶莹呈琥珀色的糖心，听觉、视觉双重刺激，直接让消费者产生强烈的购买欲望。

一个出海捕捞的渔民，经常在抖音晒自己出海捕鱼的视频。图 1-6 是拍摄的刚捕捞出来的斑节虾在船舱活蹦乱跳。视频的主人随口说了一句"最新鲜的斑节虾，刚捕捞上来，想吃的朋友留言"，下面立即就有询问价格和购买方式的用户。

图 1-6　晒斑节虾视频截图

抖音的第一个价值就是可以直接卖货。只要视频拍摄得精巧，抓住了产品及服务的最大卖点，就可以直接吸引潜在客户购买。

二、利用抖音引流转化

抖音的第二个价值就是线上给线下直接引流。现在很多实体店、服务型企业（如农家乐、民宿），引流难、开发客户难，需要更好的引流工具。

有些行业，比如住宿、餐饮、采摘、拓展等，产品及服务必须通过线下才能提供，只能通过线上引流，线下消费服务。

三、利用抖音传播品牌

抖音的第三个价值，就是能够给产品、公司以及个人带来绝佳的品牌传播。

抖音就是企业或个人的电视台，只要上传内容，就会有相应的观众去看。而且，视频的传播效果一定比单纯的图片、文字、声音效果好。企业的广告宣传片过去只能投放在电视等媒体平台，成本太高，效果也越来越差。春晚标段 15 秒的广告，估价高达 2000 万元。相对于传统电视台的广告产出比，抖音自然是低成本、性价比较高的媒体。

由于抖音有着非常优秀的内容推荐机制，你只需用心做好内容，抖音会按照规则给你分配流量。只要内容好，几十万、几百万、几千万的阅读量是"分分钟"的事情。

开设一个抖音账号，就相当于自建了一个独家电视台，节目做得好，品牌传播量自然倍增。抖音为每一个个人、每一家企业、每一款产品、每一项服务创造了绝佳的传播工具。

2016—2018 年，做公众号自媒体时文章 10 万 + 就是非常了得的传播量，垂直类内容有 1 万阅读量就已经非常不错了。而现在的抖音里，上万阅读量非常常见，10 万 +、100 万 +、1000 万 + 都屡见不鲜。所以，从品牌传播的价值来讲，抖音要比公众号更具潜力，是目前最有价值的传播工具。而且公众号属于半封闭媒体，账号不传播，很难吸引粉丝；文章不传播，很难获得阅读量。抖音是靠规则取胜，好内容会给你推送匹配的粉丝，比公众号更具裂变传播力。

第二章

这样设计直播账号更吸粉

第一节 账号起名有门道

随着直播带货的发展和普及，竞争对手会加入直播带货的阵营。越来越多的账号分享同类型的内容，自然会迎来泛滥的竞争。直播账号本身就是产品，不管你做什么类型的账号，都会面临数不清的竞争对手。

在直播平台里，每一个账号都像是立足在茫茫的草原，因此一定不能成为普通的小草，淹没在草丛中，毫无特色。你必须是一颗巨大的树木，或者一头猎豹、一只小鸟，或者一朵美丽的花朵、一条瀑布，才能脱颖而出，获得人们的关注。如果大家都是小鸟，你就要继续细分。是一只鹰、一只乌鸦，还是百灵鸟，无论如何你都要与众不同。

打造直播账号之前，一定要了解竞争环境，了解对手，制定差异化的竞争策略，下面以抖音为例介绍。

一、充分了解对手，找准行业痛点

互联网时代，竞争环境瞬息万变，创业要遵循"人无我有，人有我优，人优我转"的经营理念。竞争对手没有时，我创新、我有；竞争对手也有的内容，我比他做得精致、做得漂亮；竞争对手也漂亮也精致时，我转型做其他内容和风格。这种智慧经验同样适用于抖音。

二、结合自身特长，提炼传播焦点

提炼传播点时，不要盲目定位，提炼的聚焦点必须和自身实力相匹配，要结合自身的特长。

在抖音里，人人都是自媒体，每个人都可以通过巧妙的定位，将自己打造成领域明星。如果不具备某方面的专业知识，又不得不做此类账号，可以边学边分享。

三、抖音账号的专业设计

如何评判一个账号的专业度？如何让抖音更具公信力？如何给粉丝快速留下专业印象？所有的答案，都要回归到抖音账号本身的设计。

抖音的名字、头像、个性签名、背景图、持续输出的视频内容、互动交流，这 6 大核心内容都要符合定位。要通过头衔的提炼、账号的装修、内容的创作，将定位坐实。

1. 如何给抖音命名

抖音的命名和抖音的定位息息相关。抖音命名要严格遵循以下 6 大命名原则：

（1）起名字一定要通俗易懂

不用难写生僻的字，最好使用生活中常见的字，容易被记住，最好是输入法能够直接打出的字词。比如有人给自己的孩子起名为王龘，估计没几个人能直接读出"龘"这个字。而小米、拼多多、瓜子就是非常好记的名字。

（2）起名字最好用开口音

比如伊利、美团、华为、格力。读字时，嘴巴要微微向外张开，就是开口音的字，这样的名字好听，非常利于传播。抖音里拥有 663 万粉丝的"丽江石榴哥"，名字就是开口音。名字字数虽然多一点，也是很容易记忆的。

（3）名字的联想要积极正面

深圳的宝安机场原来的名字是黄田机场。很多人听到时会误以为是"黄泉"机场，非常吓人，影响生意，后来才改成宝安（保护安全）机场。有一些人给自己的孩子起名字，结果名字的联想不好，让孩子备受折磨，比如郝健、陈漠、倪好等。

（4）名字不要和品类产生误解

比如小米手机，就不会产生误解。但是小米蛋糕，消费者就会认为蛋糕是用小米做的，就会产生品类误解。

（5）名字必须确保能够注册商标

当年，"恒大冰泉"在推向市场时进行了声势浩大的宣传，花费重金利用赛事活动、明星代言等迅速提升知名度。正当"恒大冰泉"准备在市场大展拳脚时，一朵乌云压到了头顶。2014年10月15日，江西恒大高新技术股份有限公司（以下简称恒大高新）发布公告，正式起诉恒大集团的恒大长白山矿泉水有限公司商标侵权。恒大高新称，公司拥有的"恒大"商标目前处于有效状态，且在商业经营中得到广泛使用，依法享有注册商标专用权并受法律保护。然而，自2013年11月起，恒大长白山矿泉水有限公司使用未注册的"恒大冰泉"商标大肆宣传和销售饮用水产品，已对公司拥有的"恒大"商标造成侵权事实。对于恒大高新的说法，恒大集团并不认同，他们认为作为全球闻名的品牌，恒大冰泉商标独一无二、完全合法，根本不存在任何商标侵权行为。恒大冰泉商标是包括图文在内的多种元素的集合商标，属于图文组合商标，与恒大高新的商标可以明显区分。恒大集团与恒大高新因为商标，展开了旷日持久的争辩。因为没能及早规划好商标注册，"恒大冰泉"的市场开拓受到阻挠，花费了上亿元的市场宣传费用，效果却打了折扣。

所以，商标必须确保能够有效注册，起名字一定要有法律保护意识。随着运营的抖音粉丝越来越多，你的账号名字会越来越值钱。一定要提前筹划好，做好商标保护。

（6）名字的寓意有时并不如好记重要

比如蚂蚁金服、瓜子二手车、毛豆新车网、盒马鲜生、哔哩哔哩、天猫、苹果、小米等，就是好记，这些名字和产品业务的关联性本质上并不大。

在抖音上，个人账号可以直接叫自己的名字，或者是带上专业领域关键词，比如"我爱种菜""马哥火龙果种植"等。

知识技能类账号，可以考虑用关键词命名，比如葡萄种植、大棚、种植技术、瓜果蔬菜、五常大米等。

娱乐情感类的账号，名字可以更加多元化，怎么有趣，怎么能体现内容的调性，怎么来。比如七舅脑爷、毛姐。但是整体上也要符合命名的6大原则。

第二节　直播页面设计要点

　　抖音的装修主要是指头像、背景墙、个性签名、视频内容的设计。进入账号主页，粉丝会通过查看你的抖音账号，对你产生第一印象。印象好，粉丝就会关注你；印象差，粉丝就会溜之大吉。因此，抖音的装修设计非常关键。

1. 头像设计

　　头像如果是个人，就用自己清晰的图片即可，要美观或个性。

　　如果是公司，可以直接用 logo、公司品牌名字或能够代表公司形象的照片。

　　如果是产品，可以直接用产品照片。

　　如果是通过内容吸引粉丝，曲线营销的账号，就要根据账号的定位确定适合的头像符号。

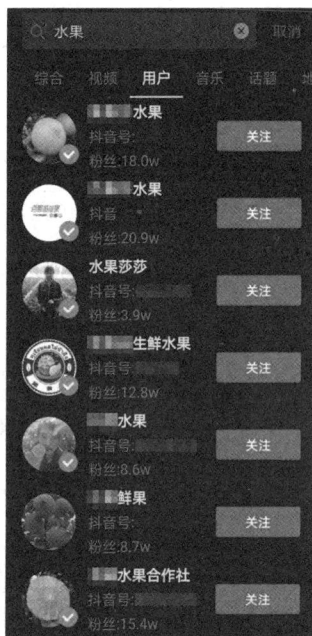

图 2-1 抖音账号头像符号

图 2-1 中的第二个和第四个账号，就设计了一个独特的企业图形符号作为头像。而更多的账号，选择使用个人照片、实物照片做头像，如图中第一个和第六个账号头像，就是水果实物的图片。

头像的主要目的是让粉丝能够清晰地记住你，因此不要经常更换头像，选中后尽量长期使用，形成持久的品牌印象。另外，抖音的界面背景是黑色，选图片颜色时要注意颜色对比，尽量色差大一点，更能彰显头像。如果是个人照片，尽量找专业的摄影师拍一套写真。如果是 logo 或产品，尽量颜色亮丽，色彩突出，让专业设计师设计一下。

2. 背景墙的设计

背景墙是指账号主页最上面的一张图片。比如下面两个案例："吃什么水果"的头像上面是提示不要相信加微信（VX）的骗子的图片，如图 2-2 所示。"多辉水果"的背景墙则是一个指导游客购买水果的说明文字图片（图 2-3）。

图 2-2 "吃什么水果"账号背景墙

图2-3　"多辉水果"账号背景墙

　　抖音背景墙的位置，有点类似微信朋友圈的头图。不过，抖音背景墙的重要性要比微信朋友圈头图的重要性强。因为微信朋友圈的头图是点开微信账号的头像后，再点击朋友圈才能看到。而抖音的背景墙，在进入抖音账号后直接就能看到。

　　所以，尽量找一个好一点的平面设计师设计一下，细节见专业。如果你没有合适的设计师，可以在网上寻找兼职的设计师，非常方便。当然，设计成什么样的内容，还要看账号的定位。设计元素必须和定位相关联。

3. 个性资料设计

　　在账号头像的下面，是抖音号的位置。抖音号和微信号类似，是为了便于朋友搜索到你。抖音号是一串数字的账号（图2-4），你可以修改成自己容易记忆的内容，但是只能修改一次，修改之后无法更改。所以，一定要慎重。

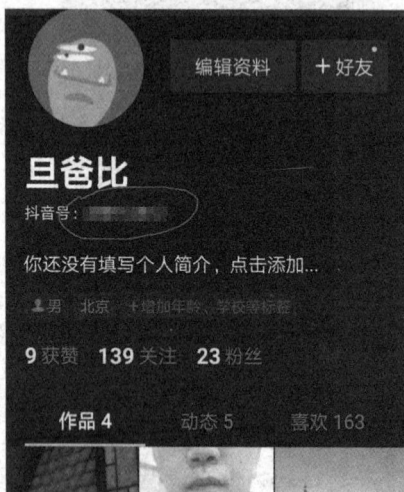

图2-4　抖音号示例

如图2-5所示，在头像右边的"编辑资料"里可以找到修改入口。尽量只用拼音、数字（图2-6），不要加一些特殊的符号，比如"–""~""/"等。如果你的抖音号太复杂，别人用抖音号搜索你时，输入字符非常困难，很难快速精准地找到你。

图 2-5　抖音号修改入口

图 2-6　抖音号修改位置

农产品直播带货一本通

如图2-7所示，在商品橱窗下面，有一行灰色字体，就是个性签名。个性签名可以在头像右边的"编辑资料"里修改（图2-8）。

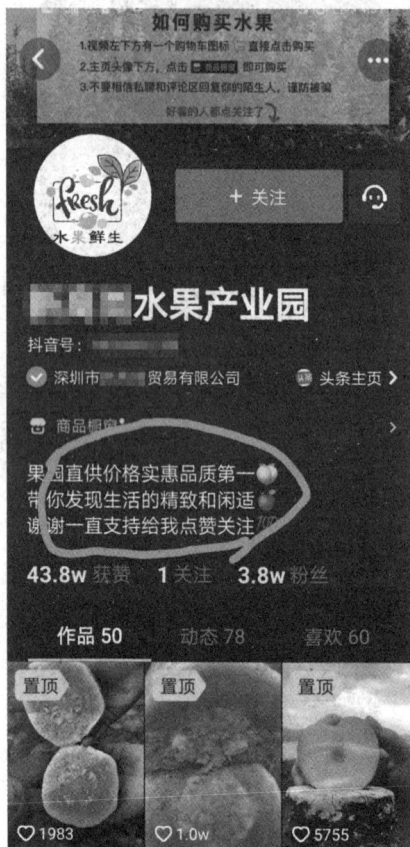

图2-7　个性签名展示位置

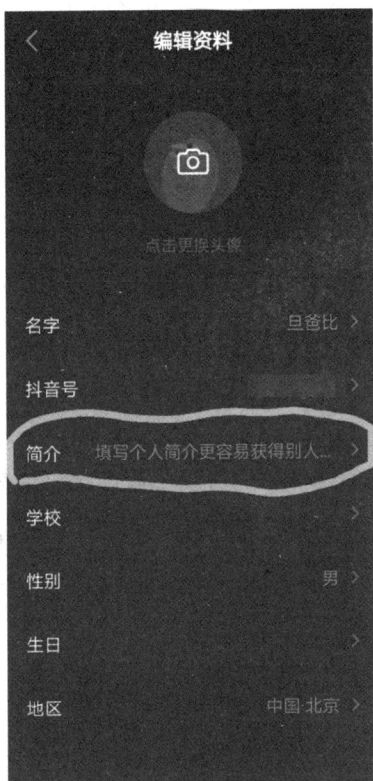

图 2-8　个性签名修改位置

不出名时要为自己增加信任背书，要给自己提炼头衔和卖点。只要抖音允许，像"非物质文化遗产""驰名商标"等能够增加个人及产品权威性的内容，都尽量打上。

第三节　账号认证带来权威性

　　抖音和其他媒体一样，为了帮助账号增加权威性，提供了三个认证通道：企业认证、个人认证、机构认证。在抖音的"设置－账号管理"下的"申请官方认证"可以看到。

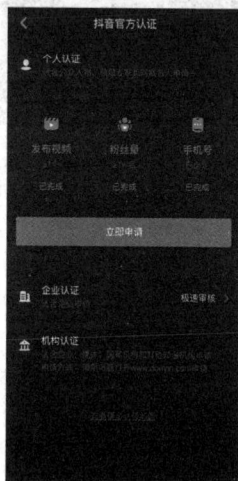

图2-9　抖音认证通道

认证后的账号，个人认证会有黄色的星标，企业和机构认证会有蓝色的标记（蓝 V），如图 2-10 所示。星标会给人一种"官方认证"的背书，更容易获得粉丝信赖。

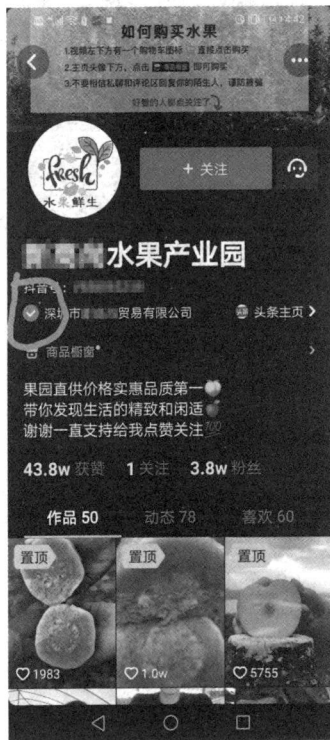

图 2-10　企业和机构认证示例

一般情况下，公众人物、领域专家和网络名人（粉丝超过 1 万）的个人账号，多采用个人认证（图 2-11）。只要发布视频≥1 个，粉丝量≥1 万人，绑定手机号，即可申请。

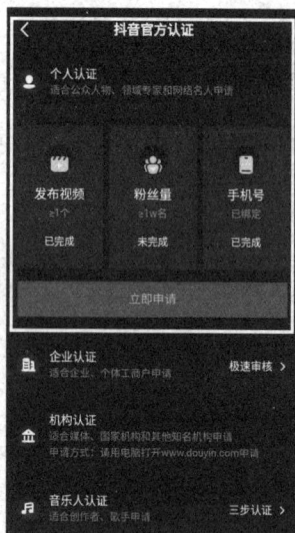

图2-11　个人认证示例

抖音的企业认证和机构认证，也被称为抖音蓝V认证，有明显的身份识别，能够体现平台的背书，提升品牌形象。企业认证适合企业开通，机构认证适合媒体、国家机构、其他知名机构开通。

开通认证好处多多，主要分为三大类：

（1）具有专属V形标识，并且昵称会置顶。

开通蓝V之后，会得到官方蓝标认证，头像右下角会有一个明显的蓝色对号，会让粉丝感觉这个是官方账号，更加信赖。比如搜索"水果"，会出现很多类似的同名账号，但是粉丝会更加信任认证的账号（图2-12）。

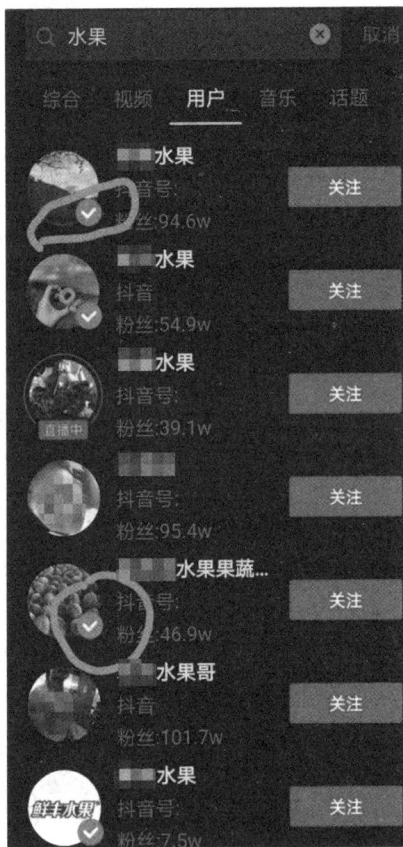

图 2-12　蓝 V 认证账号

（2）具有外链跳转、联系电话功能

开通蓝 V 之后，就具备了外链跳转和联系电话功能。外链跳转可以直接跳转到公司的官网或者 H5。如图 2-13 企业账号的"官方网站"就是外链。

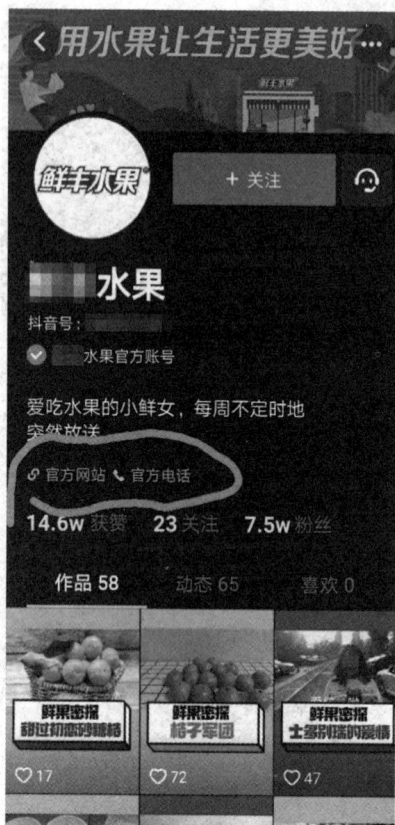

图 2-13 企业认证后的外链功能

官方电话点击之后，就直接跳转出电话号码。如图 2-14 所示，点击武汉黑鸭账号的"联系我们"，就直接出现公司联系电话，意向客户可以选择直接呼叫。这样非常便于企业营销转化。

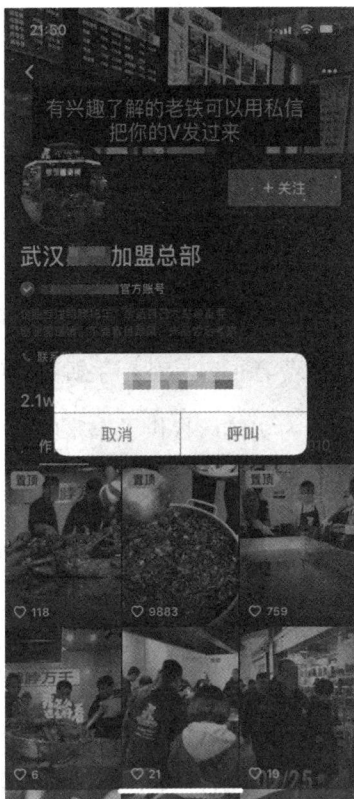

图 2-14　企业认证后的联系电话功能

（3）营销型视频内容，不会被过度打压

很多朋友反映自己的账号几十万甚至上百万粉丝，突然之间被封了，或者被严重限流。如果不是违背了抖音的视频发布规则，一定是视频带有明显的营销广告性质，属于营销型视频内容。

对认证后的账号发布的营销型视频内容，抖音的管理目前相对宽松，还未出现过度打压现象。所以，现在做抖音电商是非常棒的红利期，认证蓝 V 是抖音电商的关键。

（4）抖音为实体店提供了丰富的店铺营销功能

实体店营销最难的两点：一是实体店很难进行线上引流和传播，二是消费者很容易利用手机进行线上比价。抖音的店铺营销功能为实体店提供了丰富的营销工具，尤其是 POI 地址和热门话题功能。

越来越多的线上用户通过一种叫作 POI 的营销工具找到门店，并顺利转化为实体店的消费者或"线上品牌推广官"。POI 全称为 Point Of Interest（兴趣点），通过 LBS 定位技术，使用户发布视频可以挂上门店的 POI 地址。用户发布视频的时候，可以直接插入 POI 地址。感兴趣的用户点击视频的 POI 地址（图 2-15 画圈处），可以直接进入门店信息页（图 2-16），再也不用苦苦追问"这家店在哪？怎么找到这家店？"信息页更包含有实体店的线下地址、预订电话，也具有自定义优惠券设置、店铺相册产品展示等功能，为企业提供了更直观的信息曝光和流量转化。

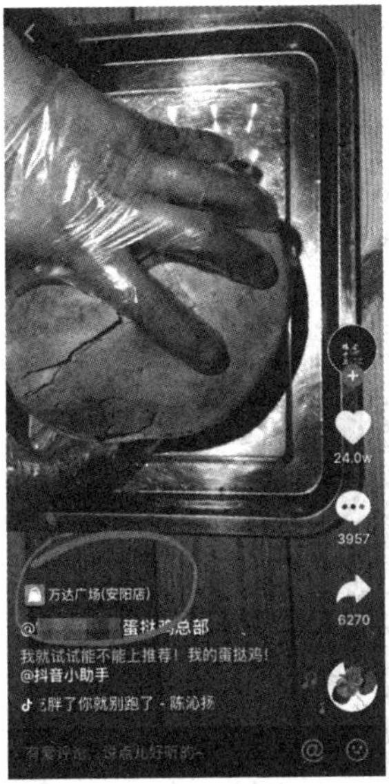

图 2-15　POI 地址 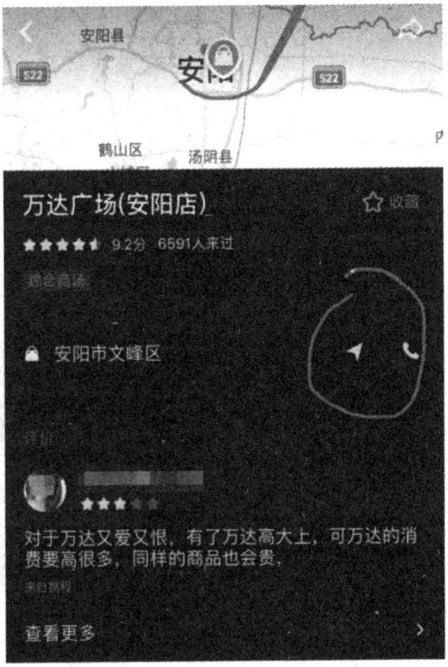　　　　图 2-16　门店信息页

　　在抖音的搜索入口，有一个"地点"栏。在搜索栏输入实体店名字，点击会直接跳转到实体店的信息页。点击信息页上面的地图标记，就会出现 POI 地址。如图 2-17、图 2-18 和图 2-19 所示。

图 2-17 "地点"栏

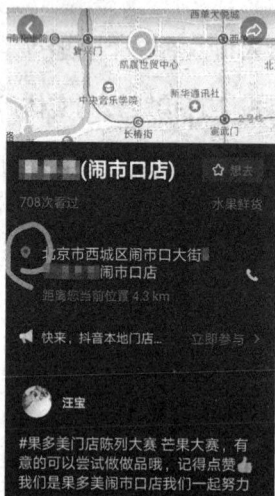

图 2-18 实体店信息页

图 2-19 显示 POI 地址

企业可以绑定该地址为店铺地址，POI 地址页将展示对应企业号及店铺基本信息。目前支持高德地图上的所有地址认领。一个企业可以申请多个 POI 地址，但是一个 POI 地址只能被一家企业认领。所以，现在认领地址也是一个红利期。

"热门话题"是传播性极强的工具，认证后的账号具备"发起话题"功能。如图 2-20 所示，王老吉在自己的抖音号上发起"吉是所有美好的开始"话题活动：参与者在规定时间内以这句话为主题发布视频，共同传播发起话题视频 PK。所有发布的视频都会添加话题"# 吉是所有美好的开始"。观众点击话题，可以进入话题总页面。截至 2019 年 12 月 5 日，本话题的视频总播放量高达 3.2 亿次。王老吉品牌花费了很低的成本，就得到了海量的传播。

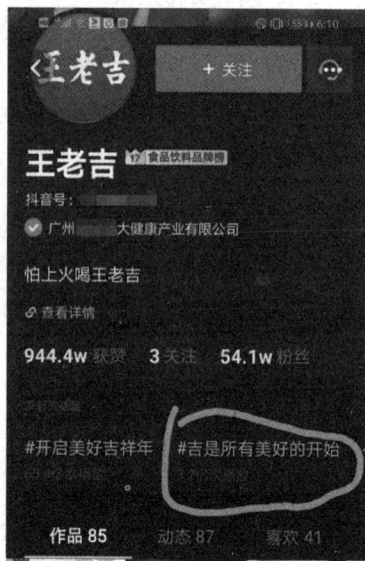

图 2-20 "吉是所有美好的开始"话题页面

（5）一分钟权限、视频置顶、私信特权

当账号粉丝数量低于 30 个时，是不具备一分钟视频权限的。但是认证蓝 V 之后，可以直接具备一分钟视频权限，并且具有视频置顶功能，可以将最多三个视频进行置顶（图 2-21）。

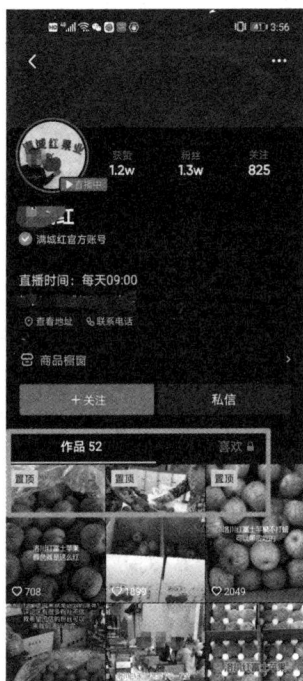

图 2-21　视频置顶

同时，可以对视频的评论进行置顶、删除、管理。对于粉丝的私信，可以设置自定义回复。私信也不再折叠在一起（类似微信的订阅号，全部折叠在一起，而服务号可以直接跳出消息），如图 2-22 所示。并且，陌生人给企业发信息不再有只能发 3 条的限制（如果陌生人私信企业，企业未关注该陌生人，该陌生人只能给企业发最多 3 条信息。企业关注了陌生人，则不再受限）。

图 2-22 陌生私信显示页面

（6）商品信息分享及购物车功能

企业开通企业认证后，如果拥有的淘宝和天猫账户开通了淘宝客功能，就可以直接外链淘宝网店（图 2-23）。用户可以在相关的视频内添加购物车，商品和视频信息可以同步发。目前，抖音也支持企业开通抖音小店，可以直接卖货。

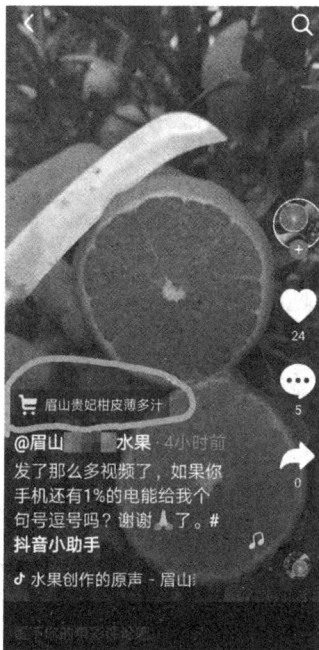

图 2-23 淘宝店外链

（7）三大维度数据监测

开通蓝 V 认证的企业号，可以对主页数据进行监控，包括：访问人数、访问次数、访问比率、跳转链接次数、粉丝数、新增粉丝数。可以对视频数据进行监控，包括：播放数、点赞数、评论数、分享数。可以对用户画像进行分析，包括：性别分布、年龄分布、平台分布、地域分布、兴趣分布。

对数据的把控，有利于企业准确把握视频热点，提高创意洞察准确率，科学评估品牌的声量，精准了解用户的兴趣爱好。

总体上可以将蓝 V 认证的好处用表 2-1 进行对比展示：

表 2-1　蓝 V 认证的好处

分类		权益	权益介绍
运营项	企业号特权	账号打压	不受到广告营销的评级打压
		内容打压	非企业账号发营销内容会被打压
		同步认证	一个平台认证可以同步三个平台
通用权益	信息权益	认证外显标识	蓝 V 标志及认证信息
		昵称锁定保护	昵称不允许重名，先到先得
		昵称搜索置顶	企业号昵称全匹配搜索时置顶显示
	内容权益	一分钟长视频	企业号视频最长时限 1 分钟
		视频置顶	企业号主页可以设置 3 个置顶视频
	效果转化	官网链接	企业号主页添加官网链接跳转按钮
		电话拨打	企业号主页有电话拨打组件
		小程序植入	企业号可以接入小程序（目前暂未开通）
支持类	信息管理	信息自定义回复	用户私信触发关键词，将自动回复
		私信不折叠	企业号私信不做消息折叠，均展开排列
		私信无上限	用户给企业号发信息不做三条限制
		评论置顶	企业号可对评论设置评论置顶

续表

分类		权益	权益介绍
支持类	数据分析	主页数据	主页访问 JV、PV、新增粉丝、粉丝数
		视频数据	描放 VV、点赞、评论、分享
		互动数据	跳转链接点击 PV、挑战赛点击 PV
	用户管理	用户管理	用户信息展示、添加信息标注
			用户分类展示，场景应用
垂直细分	线下门店分享	认领	企业号主页添加官网链接跳转按钮
		POI 信息编辑	电话、营业时间
		POi 相册编辑	推荐产品、环境、相册展示
		POI 详情页	汇集视频内容
		POI 卡券	优惠券、活动
	电商专享	电商购物车	在视频内添加购物车功能，支持外跳
		电尚小店	企业号主页添加橱窗按钮

第三章

视频美不美，后期制作很关键

第一节　"三影一秀"打通手机端通道

一、快影

快影是北京快手科技有限公司开发的一款简单易用的集视频拍摄、剪辑和制作于一身的视频工具。

快影的视频剪辑功能非常强大，音乐库、音效库和新式封面也很丰富，利用这些你在手机上就能轻轻松松完成视频编辑和视频创意，制作出令人惊艳的趣味视频。它具备全面的视频剪辑功能，倒放、变速、转场等功能一应俱全；滤镜、字幕必不可少；100 种热门音效帮助视频、直播提升受欢迎度。

用户可以利用快影来编辑搞笑段子、游戏和美食等视频，它特别适合用于 30 秒以上长视频制作。

快影的主要功能：

1. 视频剪辑

分割：随意时间段分割，一键剪掉视频中任意部分。

修剪：灵活的视频修剪功能，让使用者轻松剪掉视频两端不想要的视频画面。

复制：一键复制功能，可复制多段视频。

旋转：修改作品的显示方向，90°旋转视频或照片。

拼接：通过添加视频进行视频拼接，将多段视频合并成 1 个长视频。

倒放：一键倒放功能，让作品实现时光倒流。

变速：变速功能可以改变视频作品的节奏，其中慢动作最慢 0.2 倍，快动作最快 4 倍。

比例：轻松更改视频的显示比例，可以选择 4∶3、1∶1、16∶9 等比例。

2. 视频编辑

滤镜：快影提供 30 多款电影胶片级的精美滤镜，提升视频画质。

音乐：内置大量音乐，你可以添加多段音乐作为背景音乐，让你的作品表现力无与伦比。

音效：快影为你精心挑选了多种多样有趣的场景音效，用于烘托不同场景的气氛。

封面：给视频添加个性化的视频封面，让你的视频曝光率飙升，更有机会上快手热门。

字幕：想给视频添加多段字幕，快影提供多种个性的字幕任你选择。

3.视频导出和分享

导出：一键导出高清作品到本地相册。

分享：可以将 10 分钟视频直接上传至快手。

下面以快影的剪切分割功能为例，对快影的操作进行简单介绍。

在视频制作过程中，对视频片段进行剪切分割是最基本的功能需求。

大部分创作者在录制一大段视频后，并不会把每分每秒的视频内容都用上，而是有所取舍地截取精华片段，组成一个短小精悍的作品。

在快影，有两个剪切素材的方法，都十分简单易操作。

方法一：选中你需要剪切的片段，拖动滑块的白色把手，左边把手往右拖动、右边的把手往左拖动，即可剪切掉你不要的画面。

方法二：如果你的片段很长，还可以对片段进行分割后再剪切。点击"分割"按钮，把一大段视频分成多段，就可以删除不需要的片段了。

图 3-1　视频剪切方法一　　图 3-2　视频剪切方法二

二、小影

　　小影是杭州趣维科技有限公司在 2013 年初推出的一款原创视频、全能剪辑的短视频社区 APP。小影打破传统视频剪辑的使用场景限制，不仅可录制 10 秒短视频，同时也提供拍摄、编辑更长原创视频内容的服务，具备专业逐帧剪辑、电影滤镜、字幕配音、自定义配乐等特性，多维度打造电影级短视频大作。小影是在移动端打造的微电影、微视频拍摄美化应用。它模拟电影创作全流程，整合了前期拍摄、后期制作、分享传播为一体的一站式应用，在移动应用摄影美化类别中具有明显优势。

小影的主要功能有前期拍摄功能、后期制作功能、分享传播功能。

1. 前期拍摄功能

手机端首创多镜头 / 分镜头拍摄，让捕捉的场景更立体，更饱满。

支持大量最新、最潮的个性实时滤镜，玩转微电影、微视频。

内置高性能专业摄像机引擎，秒杀系统自带摄像机。

2. 后期制作功能

基于逐帧的可视化视频裁剪功能，轻松快速地剔除多余镜头。

简易的配乐剪切、音量调节功能，打造个性音响效果。

多种滤镜、转场、字幕素材，让创作微电影更加容易。

提供基于不同场景的主题特效包，帮助使用者一键制作风格大片。

素材中心拥有海量主题、滤镜、转场、海报素材等可供下载。

3. 分享传播功能

随时随地一键分享你的精彩微视频，新浪微博、微信、

QQ 空间、腾讯微博、人人等平台都兼容。

支持视频私密分享。

自动生成个性十足的多种电影海报，让社交分享变得更酷更直接。

基于移动平台的视频云计算存储平台，让你的故事可以在手机、平板、电脑、电视全平台上自如传播。

下面以小影的视频变速功能为例，对小影操作进行简单介绍。

目前小影是通过给视频变速来实现变声的。变速功能在视频拍摄时和视频剪辑时都可以实现。

1. 拍摄时变速

在拍摄界面，点击最右边的功能按钮，滑动刻度进行变速。

需要注意的是，拍摄时不变速，拍摄完成后预览，即可看到变速效果，且只有使用普通镜头拍摄的用户才可使用此方法。

2. 后期剪辑变速

在编辑界面中，进入"剪辑 – 镜头编辑 – 变速"，滑动刻度进行变速。（使用小影美颜镜头拍摄的用户暂时只能用这种方式变速）

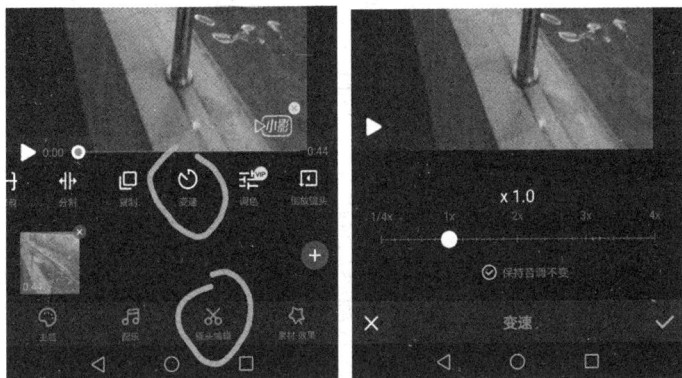

图 3-3 小影变声

注意：勾选"保持音调不变"只作用于视频原音、不会对添加的音乐与配音变音。

三、巧影

巧影是由北京奈斯瑞明科技有限公司开发的，主要用于手机视频编辑，其主要功能有：

1. 精准编辑

可以精细到以帧为单位，对视频剪辑和层进行精准的裁剪，剪辑可准确地调整并对齐帧。

2. 实时预览

不需等待视频的导入或预先处理，巧影通过实时预览，实时呈现所改变的效果。

3. 多重音轨

支持多达 4 个音轨，而且在各音轨上，可增加无限数量的音频剪辑。

4. 多图层

用户可以任意地加载文字、图片、手写和水印图层，而且根据不同的设备，支持最多两个视频层。可精准控制图层的位置，也可以根据默认动画效果和关键帧动画，使每个层更加生动。

5. 调节色彩

支持视频加入颜色滤镜，并且可以调整亮度、对比和饱和度。

6. 速度控制

在不造成音调失真的情况下，支持从 0.25 倍到 1.5 倍的视频播放速度的设定，让视频有快、慢动作播放的效果。

7. 专业音频功能

根据需求，在时间轴上调整音量包络线的音量范围，实现音量在不同时间点上有大小变化的需求。除支持多种音频格式外，还可以将视频剪辑中的音频分离出，并进行单独的编辑。

8. 色度键

视频层已支持色键影像的合成，实现了全绿幕的支持，包括阿尔法屏蔽的预览和用于混合色键边缘曲线的细节调整。

9. 录制声音

巧影支持预览项目时，实时录音并插入至音轨中，同时允许增加多个录音剪辑到任一个视频上。

巧影还拥有很多功能。例如，音讯转换器，设定输出时的帧率、码率以及分辨率，还可以支持不同格式的视频、音频和文件的编辑。

图 3-4　巧影登录界面

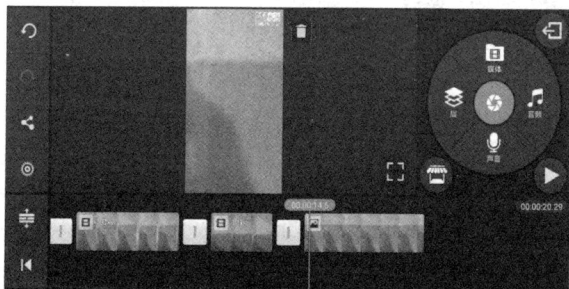

图 3-5　巧影的功能界面

四、乐秀

乐秀是一款具备视频剪辑、视频编辑、视频制作、视频特效等多种功能的专业工具，专注于小影片制作、短视频制作与视频剪辑的拍摄、视频编辑功能。它的功能中还有动画贴纸、胶片滤镜、大片特效、视频美颜、马赛克、去水印、海量音乐……支持高清视频剪辑导出，全面适配微信、微博、优酷、抖音、微视、腾讯视频等视频应用，全球用户超过3亿，是视频创作爱好者的不错选择。

乐秀可以用于手机视频的DIY创作，主要功能有：

1.视频主题

亲情、友情、爱情、萌宠、爱豆、宝贝、节日、美食、嘻哈、个性、文艺、时尚、趣味、简约、在路上、珍贵回忆、美好时光、感恩节、圣诞节、元旦、春节、情人节……主题界面拖到最右面会显示更多，专业严选视频主题，帮助你一键生成主题微电影。

2.视频滤镜

电影胶片级视频滤镜，有美颜、魔焰、日系、美白、怀旧、复古、Lomo、宝丽来、黑白、HDR、光晕、浮雕、素描等，帮你润色视频片段，记录大众百态。

3. 音乐相册

音乐相册管家乐秀视频编辑器支持从相册自由混搭照片、视频，快速编辑剪辑成音乐相册、照片电影、音乐相册，制作简单直接。

4. 拍摄录像

实时滤镜高清拍摄，支持多段拍摄，直接视频美化，闪光灯补光、实时美白、多分辨率、背景音乐可选。专业优化拍摄，比系统拍摄体验更佳。

5. 视频编辑

乐秀有视频片段编辑、剪裁、分割、快放、慢放、旋转缩放、倒放、压缩、复制、横屏大片、竖屏手机、方块小视频等各种便利工具，多种参数调节，轻松实现视频特效。

6. 视频特效

超酷炫特效和音效轻松添加，泡泡、闪电、玫瑰雨、嘉年华、流星、火山、爱心气球、花瓣等好莱坞大片中的场景特效都具备，更有 AR 超视觉效果现已上线。

7. 剪辑工具

想剪辑到哪里都行，谁都能当视频剪辑大师，多段视频剪切、快速视频剪切、裁剪、裁切，马赛克、去水印、GIF 头像制作、视频压缩、视频转 MP3、视频格式转换、节拍相册、全套实用视频剪辑工具，让你惊艳 QQ 群、霸屏微信朋友圈、瞩目 GIF 贴吧。

8. 视频配乐

数百首曲库正版授权歌曲配乐，浪漫、摇滚、嘻哈、流行、新世纪音乐、沙发音乐、电影原声应有尽有，更可多段配乐、添加本地音乐，酷狗、酷我、QQ 音乐、网易云音乐、虾米等里面的音乐导入本地即可使用。

9. 视频录音

自己给视频配音解说，视频录音变声成大叔、萝莉、机器人、小黄人等轻轻松松，声音变性，还有音调、音速自定义、原视频静音、声音淡入淡出、手机视频录音，视频旁白，更有动物、科幻、尖叫、心跳、掌声等音效下载，好玩到根本停不下来。

10. 视频字幕

视频添加多段字幕，精确控制字幕时间，可选视频字幕特效：淡入淡出、滚入、字幕颜色等都可。精选文艺字体、字幕排版、视频字幕透明度均可随心调节。

11. 视频涂鸦

在视频任意位置上涂鸦，画画、写字、打码随意操作。

12. 视频贴图

素材商店提供海量表情包贴图、涂鸦贴纸、签名贴图、本地相册贴纸、照片贴图、GIF 贴纸，并贴心保留最近贴图记录，呆萌泰迪熊、表情包、恶搞小 GIF、个性化标语等无所不包。

13. 视频转场

丰富的转场效果，简约如淡入淡出、溶解、闪黑，纷繁个性如涂鸦、纵横、闪烁、百叶窗、缩放、爱心，几十种转场衔接效果，多段视频衔接令人耳目一新。

14. 视频分享

音乐相册、MV、舞蹈、美女、亲子、创意、搞笑、街拍等类型视频记录生活，乐秀支持视频分享，支持 QQ 空间、微信朋友圈、微博、美拍、优酷等平台分享，同样适配抖音短视频、快手、火山小视频、西瓜视频、微拍、梨视频等视频制作社区。

第二节 "两剪辑一PR"电脑端更专业

一、爱剪辑

爱剪辑是一款强大、易用的全能免费视频剪辑软件，具有操作简单轻松、影院级好莱坞特效、专业风格滤镜效果等特色，是全新一代的高效视频剪辑软件。

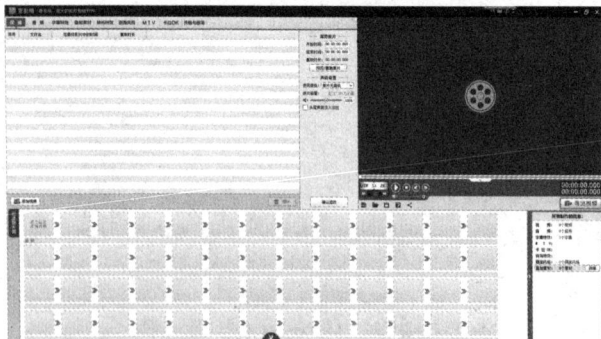

图 3-6　爱剪辑操作界面

爱剪辑软件在使用时屏蔽了很多广告、弹窗等对用户来说无用的设置，让用户可以顺畅地使用软件，包括：无任何广告弹窗，无片头片尾广告，去软件片尾同时可以显示"片名和制作者"，去每次打开软件弹出社区热门作品弹窗，去关闭后弹出分享爱剪辑到朋友圈弹窗，去右下角弹出推广弹窗，去首次启动图文引导。

人人都能轻松成为出色剪辑师是软件设计的初衷，使用爱剪辑甚至不需要视频剪辑基础，不需要理解"时间线""非编"等各种专业词汇，让一切都还原到最直观易懂的剪辑方式。更多人性化的创新亮点，更少纠结的复杂交互，更稳定的高效运行设计，更出众的画质和艺术效果，一切都所见即所得。

简单易用的产品同样需要无与伦比的强悍功能，爱剪辑支持最全的视频与音频格式，拥有最逼真的好莱坞文字特效、最多的风格效果、最多的转场特效、最全的卡拉 OK 效果、最炫的 MTV 字幕功能、最专业的加相框、加贴图以及去水印功能。这么多的功能让一切自然成为可能。

爱剪辑拥有酣畅淋漓的速度、过目不忘的画质、超级稳定的剪辑体验，这都源自对每个细节追求完美的态度。耗时数年，爱剪辑对所有效果和硬件进行了极致优化，让其高效低耗，带来如丝般顺滑的剪辑运行体验，更为人称道的是，爱剪辑还具备大片级的成片画质。

爱剪辑琳琅满目的超炫特技效果，方便使用者创作各种特效视频，能一键轻松达成。比如，一秒钟做出影院级的好莱坞文字特效（包括风沙、火焰、水墨特效等），轻松调用多达上百种专业风格效果（囊括各种动态或静态特效技术以及画面修复与调整方案），提供视频切换特效（包括高质量 3D 和其他专业高级切换特效），瞬间制作乐趣无穷的卡拉 OK 视频。爱剪辑还拥有全球多达 16 种超酷的文字跟唱特效，不费力气即可制作超炫个性 MV（包括首创的 MTV 歌词字幕同步功能以及众多动感十足的字幕呈现特效），直观高效地为视频加上搞笑的贴图，并具备数十种贴图动画效果，为视频应用各种缤纷相框使其更生动迷人，贴心地为视频加水印或去水印。

爱剪辑支持广泛的视频音频格式，让视频制作事半功倍。高兼容性意味着我们都可以随意导入并自由剪辑几乎所有视频或音频格式，而且，针对不同格式进行的解码极致优化也令解码速度、软件稳定性和画质都更胜一筹。

爱剪辑提供高标准触控支持。软件不仅能通过鼠标进行人性化的交互，同时为了让使用者的手指也更易操作，几乎重新开发设计了所有系统交互元素，以让软件在触控设备上更易使用，发挥手指的操作优势。

二、快剪辑

快剪辑是360浏览器推出的一款小视频制作剪辑软件，这款软件相比其他视频制作软件在剪辑视频上更加快速高效，剪辑完成就可以直接发布上传，非常方便，录制完成后还可以添加特效字幕、水印签名等多种效果。

快剪辑是提供给用户录制小视频及剪辑等功能的技术服务工具，包含录制小视频功能、剪辑功能、导出功能、分享发布功能、其他功能。

快剪辑的录制小视频功能，支持录制全网范围内所有视频，只要可以播放，就可以录制；插件提供了超清录制、高清录制、标清录制三种录制模式，还可自定义区域录制。视频录制完之后，插件还提供了简单的视频处理功能，包括裁剪、特效字幕、去水印等，可对视频进行简单加工。

快剪辑还有视频美化加工功能，种类多，操作简单，帮助使用者快速制作小视频；一键分享至多平台功能，省去使用者烦琐的上传分享操作，一键即可分享至多平台，快速、方便、更省心。

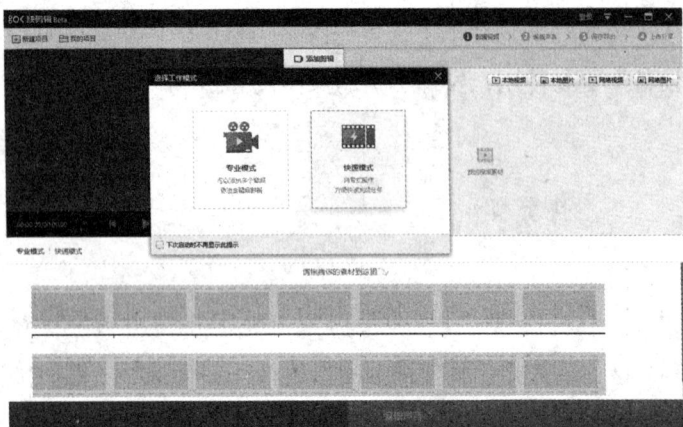

图 3-7　快剪辑操作界面

三、Adobe Premiere

Adobe Premiere 是一款由 Adobe 公司推出的常用视频编辑软件，适用于电影、电视和 Web 的视频编辑，专业性强，应用范围广，是视频编辑爱好者和专业人士必不可少的视频编辑工具。

Adobe Premiere 提供了采集、剪辑、调色、美化音频、字幕添加、输出、DVD 刻录的一系列视频编辑流程，并和其他 Adobe 软件高效集成，能够帮助使用者完成在编辑、制作、工作上遇到的众多视频问题，满足创建高质量作品的要求。

2018 年 10 月，Premiere Pro CC 版本在之前功能的基础上新增了以下功能：

利用全新的 Premiere Rush 进行移动编辑，扩展了视频编辑平台。无论是移动设备还是桌面设备，均可拍摄、编辑和发布视频。如果希望执行更多操作，还可以把作品直接发送到 Premiere Pro 中。

音频智能清理。利用 Essential Sound 面板中的全新降噪和 DeReverb 滑块即时调低或去除背景噪音，或进行混响。

有选择的色彩分级。创新的 Lumetri Color 工具可进行有选择的色彩分级，在进行曲线调整时再也不需要进行摸索。每条曲线的两个轴都提供成对的值，可轻松地进行精确的色彩微调。

数据驱动的信息图动态图形模板。将电子表格拖放到新的信息图动态图形模板中，生成动态可视化内容。如果对电子表格进行任何更新，信息图也会自动更新。

端到端 VR 180。提供对 180 VR 的沉浸式视频支持，包括经过优化的收录和效果。在 YouTube 或其他平台上以 Google VR 180 格式发布完成的视频。

Adobe Stock 增强功能。直接在"基本图形"面板中搜索和排序 Adobe Stock 电影素材和经过专业设计的动态图形模板。

显示颜色管理。从 After Effects 到 Premiere Pro，以及在 rec709、rec202 和 P3 显示器上，在整个工作流程中精准地呈现色彩并保持色彩保真度。

性能改进。H264 和 HEVC 基于硬件的编码和解码，提升 MacBook Pro 工作站的性能。图像处理的改进可提供响应速度更快的播放、渲染和 Lumetri Color 性能。

扩展的格式支持。支持全新的原生格式，包括 ARRI Alexa LF、Sony Venice v2 以及 iPhone 8 和 iPhone X 所用的 HEIF（HEIC）拍摄格式。

键盘快捷键的语言支持。键盘快捷键布局菜单中现已支持本地化语言。

Adobe 沉浸式环境中的影院模式。使用虚拟放映室与导演或制片人针对 2D 内容或沉浸式内容（或二者的结合）进行协作。

第四章

直播内容决定带货效果

　　直播平台经过了 2018 年的野蛮式成长，2019 年进入结构调整的阶段。新进玩家激增，竞争更为激烈，新账号需要做好差异化内容定位，才能快速破局；老账号也需要及时调整定位，方能突破成长瓶颈。

　　另外，越来越多的直播账号，不再满足于做好视频内容本身，更希望在商业领域有所突破。所以，内容的重新定位和创作，成为大家最大的共性需求。本章我们以抖音为例重点讲解内容的创作技巧，因为内容创作是玩转直播的核心。

第一节　内容定位精准锚定消费人群

一、差异化的 IP 定位

　　每一个抖音账号都是一个独立的 IP。内容预设和人设定位决定 IP 未来能够走多远。独立世界观和差异化的内容，让 IP 更有生命力。大量的账号研究及数据显示，IP 定位精准的抖音账号，成长的上限天花板相对较高，粉丝量级相对较大。因此，在创作抖音内容之前，IP 定位是最重要的工作。

IP 定位一个比较常见的方法就是定位垂直领域，即一个账号只专注一个垂直领域。因为如果你今天发美食、明天发英语、后天发游戏，没有自己专长的领域，这样非常不利于账号的平台推荐，也不利于软件算法对我们的内容进行精准定位和判断。并且，定位垂直领域与内容推荐以及后期带货匹配相关，相关度越高，内容引流，带货能力就越强。

通过对各个垂直领域的作品进行分析，我们会发现以下 4 种比较常见的 IP：

故事型 IP：将故事和剧情通过表演的形式向用户传达自己所想表达的情感和想树立的形象。

产品型 IP：有些产品有很多人热爱，然后围绕这些产品延伸出了很多情感以及相应的消费。

创始人 IP：在这个个性化消费的时代，消费者希望买到的产品跟他个人的价值观、个人的品位相吻合，所以抖音账号经营者的价值观、品位会影响人们是否购买他推荐的东西。

知识型 IP：这个人必须在某个领域拥有持续的原创内

容的产出能力，而且必须要有一定的影响力，樊登读书就是这一类型的典型。

想要打造一个 IP，起步要做的就是人物的设定，比如有些明星的人设，向外界所展现的形象，包括外部形象和性格特征等。

进行差异化 IP 定位时，我们要有意识地给自己"贴标签"，要确定给自己的账号打上什么样的标签。这样，当人们想要看你标签内容的视频时，会第一时间想到你。

二、八大最受欢迎的短视频类型

每一个玩家都想打造出高速成长型的账号，实际上很多账号成功的核心点，就是选对了赛道（视频类型）。在抖音里，内容赛道分为流量赛道和垂直赛道。赛道不同，成长空间和粉丝基础不同。

简而言之，百万级粉丝账号和千万级粉丝账号，其平均增长值完全不同。有的账号发布一个视频就可以增长数十万甚至数百万粉丝，有的账号发布了几百个视频，粉丝却少得可怜，主要原因还是视频的类型定位有区别。

垂直类内容，商业价值较高，但是缺点是成长速度、吸粉速度相对较慢，成长的天花板及粉丝量级不如流量型内容。两者的比较如图 4-1 所示。

内容赛道分类

流量型类
搞笑、娱乐
音乐、舞蹈
剧情、情感
……

商业价值：较低
增长速度：较快

垂直类
美式、化妆
时尚、旅游
汽车、数码3C
母婴……

商业价值：较高
增长速度：较慢

图 4-1　垂直类内容与流量型内容的比较

在抖音里什么类型的视频最受欢迎呢？这里总结了八个最受欢迎的流量型短视频类型，供大家在内容定位上参考。

1. 颜值类

如果你是美女帅哥，对自己的长相十分自信，完全可以采取这种风格出镜，服装、日化、美容护肤、理发等行业多采取这种方式。

如果你的产品非常漂亮，颜值很高，科技范十足，可以直接拍摄产品进行营销传播，高科技产品、烘焙食品、书法、工艺品等多采取这种方式，吸粉速度较快。

2. 搞笑娱乐类

如果你有娱乐基因，风格大胆，完全可以采取搞笑娱乐风格进行定位。这种方式吸引粉丝很快，但是要结合产品的人群定位。比如美食、服装、化妆品、游戏、电子产品、鞋帽、玩具等，适合年轻人，就要做出年轻人喜爱的元素和内容。

3.萌宝萌宠类

很多人对萌宝、萌宠类内容毫无抵抗力。可爱的孩子、动物、宠物会吸引很多粉丝。针对儿童的产品，比如童装、食品、玩具、绘本等产品，以及针对宠物的产品，比如狗粮、猫粮、宠物服装等宠物用品，甚至宠物销售、动物园、海洋馆等和动物有关的产品和服务，都很适合此类风格。如图4-2所示。

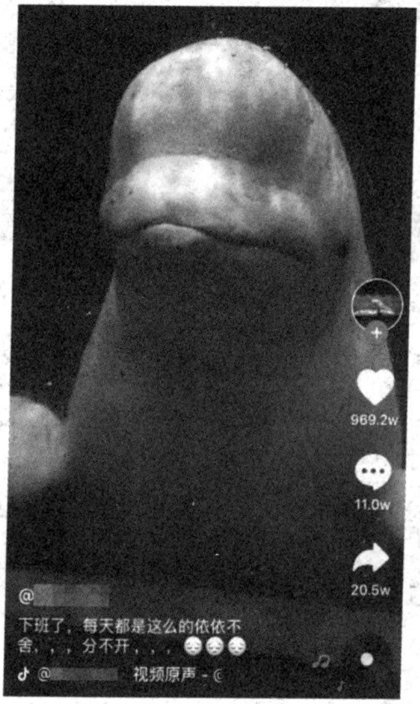

图4-2 萌宝萌宠类账号截图

4. 专业技能、经验类

这类定位适合很多行业，比如培训、咨询、法律、维修、汽车、金融、保险、护肤美容、设计、建筑、电商、餐饮、育儿、医生等。通过专业经验和技能的分享，让观众学到知识，自然很容易吸引到精准的粉丝。如图 4-3 所示。

图 4-3　餐饮、建筑案例

5. 绝美画面和风景类

人们对美好的画面、迷人的风景，总是会沉浸其中、流连忘返。现在都市的生活节奏快，时间紧凑，自由度和时间越来越少，人们难得出去旅游，因此过一过眼瘾是一种深层次的需求。这类视频获赞和关注度都很高。如图4-4 所示。

图 4-4　绝美画面和风景类账号截图

6. 心灵鸡汤类

正能量的内容总是能激发起人的斗志、勇敢、信心，因此爱情、事业、婚姻、家庭、为人相处等方面的心灵鸡汤都很受欢迎。现在的人经济压力大，人际交往总会遇到各种不顺，所以，当难以排解心中的困阻时，就会关注这类的正能量内容，以正衣冠，以宽心怀，以疗创伤。一些书籍、咨询等账号常用这类内容吸引粉丝。

7. 爱情和情感类

抖音的用户大部分是年轻人，爱情总是伴随左右，因此与爱情、婚姻有关的内容，总能轻易获得粉丝关注。一些娱乐、经验等内容的视频如果刚好和与婚姻、家庭、爱情、亲情、友情有关，会很容易获得大量粉丝。和年轻人有关的各类产品及行业均适合用这类定位方式引流。

8. 有关人身安全的内容

恐惧是促使人们快速行动的动力。在销售中，恐怖故事塑造得好，会快速促进客户成交。在创作视频内容时，如果能抓住顾客最担心的需求点，就可以快速吸引粉丝。防身器材、消防、保健品、护肤品、武术教学等行业均适合这类定位。

第二节 带货内容制造的三大策略

抖音对视频的原创度要求高，账号需要持续创作优质的视频内容。新媒体内容创作要遵循"机关枪理论"，每天都要有子弹出来，否则热度就会降低，粉丝会减少。因此抖音的内容海量获取与策划非常重要。

抖音是内容为王，想吸引粉丝，必须有干货，容不得半点虚假。如果你定位的是垂直领域，一个完整的系统知识有可能几句话就概括完了。所以，你会发现你的创意、知识储备很快就会用光。

因此，我们必须找到一种途径，能够源源不断地获取信息，找到优质内容，才能做到内容的持续输出。

抖音内容获取的三大策略：

1.揉碎策略

这种理论在抖音很盛行，比如你买到一本营销书籍，把内容看完，可以整理出很多的经典片段，相当于把这本书的系统精华知识揉碎了。将整理出来的碎片知识剪辑成视频，就是非常不错的内容。比如去听一堂系统的课程，将老师的内容拆解揉碎可以做出大量的内容。

你想聚焦的领域是什么，你的定位是什么，市面上总会有数不尽的专业书籍、专业课程，使用这种策略整理，自然有源源不断的内容。

2. 搬运策略

搬运策略，说白了就是借鉴别人的内容，为己所用。把别人的创意、声音、文字、场景、音乐、策划思路等内容借鉴过来，植入自己的视频里，借鉴创意，自然可以走捷径。

媒体圈一直流行一个词——"洗稿"，说的就是搬运策略。搬运国外的视频内容到国内，搬运其他行业的内容到本行业等。搬运无可厚非，只要技巧得当，完全可以创造出全新的优质视频，赢得新媒体的成功布局。别人的原创，我们借鉴过来，要做到去其糟粕、取其精华。

创意借鉴是内容创作最快的策划技巧，不过搬运≠抄袭。抄袭是100%模仿，搬运是借鉴。我们所谈的搬运，需要对借鉴的内容、创意等元素重新进行创意和策划，加入自己的原创元素。如果彻头彻尾抄袭别人的内容，不仅违法，原创作者可以投诉举报，而且人们发现了会非常厌恶你，基本上你不可能再获得粉丝了。抖音对抄袭的账号会进行警告和惩罚。经常抄袭别人原创内容的账号，会被抖音判定为抄袭账号，会降低权重甚至做封号处理。

3.100% 原创

如果你创意十足，具有系统的知识体系，或者团队非常优秀，完全可以按照自己的定位方向进行创作，完全实现 100% 内容原创。优质账号都要努力向着这个方向迈进。要成为行业的领头羊，一定要具备引领的价值，而不是一味模仿抄袭。抖音倡导的就是原创，因此原创账号的权重自然也是最高的。

第三节　直播内容的创作与发布技巧

内容的定位和获取，只能帮助你解决素材和创意问题。再好的内容，也需要差异化的呈现方式，耳目一新的剧情策划，恰到好处的音乐搭配，美观流畅的视频剪辑，最终才能呈现出精彩的爆款视频，让人念念不忘。

如何才能做出更为精彩的短视频呢？下面分享短视频的创作策划技巧。

1. 八大抖音视频策划技巧

要想成就出色的 IP 账号，你的内容就要永远遵循与众不同原则。无论你从哪里借鉴的创意、元素、内容、声音、场景、剧情，都要进行创新加工，打造出耳目一新的感觉。你可以采取如下几种策划技巧，创造出"新、奇、特"的视频内容。

（1）剧情反转

剧情反转的技巧，就是对立型创新，内容均在情理之中，结局却是意料之外。"永远猜不透结局""腰都快被闪断了""腰椎间盘那么多，为何你如此突出"，都是大反转剧情的效果。

很多男生都认为漂亮的女生很难养，成本高，成都小甜甜却说出相反的观点，"能请我吃饭就好"。这完全颠覆了普通男生的认知，视频自然火爆。

人们的印象中，大多数漂亮美女都生活在都市，养尊处优，如果你视频里的美女在农村做着搬砖、采茶等农活，内容反转，就会令人耳目一新。

有一对恋人吵架，女生说如果分手，她可以很容易找到一个男朋友。男友就非常生气，说："你找一个试试。"结果刚好一个男生路过，女生就拉着这位路人说："做我男朋友。"路人犹犹豫豫，后来竟然真的"坐"在了她男朋友的大腿上，坐完之后对女生说："我坐过了啊。"看到这，观众哄堂大笑。这就是经典的剧情反转应用案例。

让你的团队头脑风暴，把你的剧情策划的不可思议，别让观众轻易猜到结局，就会创作出不可思议的好作品。

（2）集成创新

集成创新的技巧是选定一些需要借鉴的爆款视频，分析拆解各个视频的爆款元素，用爆款元素替代自己内容中的平庸元素，将多个爆款元素有序结合，组成新的视频。

有的视频很有趣，但是视频像素差，拍摄的素材不够精美，你可以借鉴对方的内容元素，视频部分用像素高的相机拍摄，精美剪辑，就会很火爆。

再比如借鉴新闻播报的模式，播报搞笑内容，就很有新意。

更有甚者，将非常多的网红音乐、舞蹈和段子集合成一个视频。看完这个视频，相当于看完了最近最流行的元素，这样的集合视频也很受欢迎。

集成创新，主要是借鉴爆款视频的优质点，加入自己的创新元素进行创新，这种内容创作技巧非常有效。另外，在借鉴的过程中，忌讳完全照搬，一定不要做抄袭者，不要成了山寨搬运者。

（3）角色扮演

角色扮演指的是通过角色互换、角色扮演、角色模仿、对口型、音乐假唱等方式，创作出另类的视频，包括男女互换、动物与人互换、人与物互换、语言模仿等不同方式。

比如一个男生同时扮演男女两个不同的角色，自己与自己进行对话和沟通，没想到女版人物比男版人物更受粉丝欢迎。抖音里很多男生化妆变美女的视频，都很受欢迎。

（4）行业揭秘

常人很难见到的行业内容，只需揭秘展现出来，就会获得大量粉丝阅读。

比如我们经常看到石碑，但是很少人知道工匠是如何把字刻在石碑上的。如果拍摄刻字的细节，分享给大家，就会有很多人喜欢，引得大家对工匠师傅的高超技艺赞叹不已。

比如我们经常喝的饮料是怎么生产出来的呢？配料怎么调，如何灌装，如何压盖，如何包装，都是外行人不了解的。只需把这些过程拍摄出来，就可以获得感兴趣的粉丝。

业内人对自己的行业知识习以为常，但是外行人鲜有人知道，人们渴望了解更多专业内容。很多餐饮开始展示透明厨房，就是为了让顾客看到美食制作的过程。顾客看得见，了解了，会增加足够的消费信任。

这类视频创作技巧可以吸引与行业相关的精准粉丝。不过，行业视频创作千万不要展现那些枯燥乏味的内容，尽量拍摄精彩、炫酷、科技范十足的细节，展现有趣、好玩、了不起的精彩细节点。

（5）关联创意

关联创意，俗称"蹭热点"。星巴克猫爪杯突然在网络走红，有客户为了购买限量供应的猫爪杯大打出手，引得全网轰动。很多抖音账号借助猫爪杯的热点，进行关联创意，视频火爆，如图 4-5 所示。

图 4-5　蹭猫爪杯热点的账号截图

蹭热点是创造抖音视频的非常不错的借势策略，但是要及时，不要错过了热度。

（6）技术流

如果你的团队有很棒的剪辑技术，完全可以借助剪辑技术创作玄幻、科幻等科技范十足的视频。《流浪地球》为什么如此受欢迎？核心原因是中国科幻片终于拍出了美国大片的"特效感"。特效，就是剪辑技术的一种。

依靠独特的剪辑技术火起来的账号较多。比如拥有上千万粉丝的"黑脸V"，全部通过剪辑技术，制作炫酷视频，吸引粉丝。

短视频时代，任何媒体内容都可以用视频重新演绎一遍。在技术流面前，任何视频内容都可以用剪辑技术重新升级一遍。因此，拥有出色的剪辑技术，绝对是短视频时代最重要的技能之一。

（7）标题党技巧

有很多视频，单看视频内容并无什么新奇，但是配合标题就会触动心扉。图4-6是西贝莜面村的一个视频截图。视频中两个跳舞的服务员舞蹈很普通，但是标题很好："旁边是我领导，如果这条视频火了她说给我加薪！大家冲鸭。"结果点赞数突破11万。

图4-6　西贝莜面村的视频截图

标题党在新媒体时代，永不过时。如果内容很普通，就想办法起一个绝佳的标题。

（8）忽略技巧，直接上干货

忽悠不如直接上干货，把最好的技巧、知识、经验，直接分享出来，就是最好的技巧。比如"××潮男"直接告诉你如何穿衣，"美妆××"直接告诉你如何化妆打扮，"设计师××"直接告诉你如何装修设计，"美食××"直接告诉你如何做菜。很多行业的垂直账号，均可以考虑直接分享干货内容，获得粉丝，如图4-7所示。

全部	网红美女	网红帅哥	搞笑	情感	剧情	美食	美妆	种草
穿搭	明星	影视娱乐	游戏	宠物	音乐	舞蹈	萌娃	生活
体育	旅行	职场教育	动漫	创意	时尚	汽车	教育	家居
科技	母婴育儿	摄影教学	地方	政务	知识资讯类	办公软件		

图4-7　抖音主要的垂直分类类目名称

2. 短视频创作与发布技巧

抖音属于瀑布流媒体，内容不能在短时间内引起粉丝的兴趣，就会被随手滑走。因此，创作短视频，必须严格遵循如下创作和发布技巧：

（1）视频要精简，3秒内抓住观众眼球

内容要压缩、精简。前3秒必须快速呈现精彩内容，吸引眼球。开头不要留白，直接出精彩内容。同时，多余的视频片段必须删减压缩，尽量呈现出最精彩的内容。

这种视频每段话之间的时间间隔非常短，可以经过剪辑拼接后达到效果。因为紧凑，消费者看起来流畅，无压力，节省时间，深受粉丝喜爱。

（2）优先用热门音乐，参与相关热门话题

优先使用热门音乐。抖音本身就是以音乐为主要元素的短视频平台，名字中包含"音"字，可见音乐对抖音的重要性。我们在拍摄视频及剪辑时，要注重使用热门音乐。

同时，多参与热门话题，多和官方进行互动，账号自然会获得更多支持。当然，也不是让你什么话题热就去蹭什么话题，要找与自己领域相关同时又很火的话题去蹭。

（3）务必重视发布时间

很多人关心抖音视频在什么时间发布容易上热门，图4-8、图4-9是易观数据2018年2月的检测数据，很具有参考性。从图中不难看出，抖音的用户活跃时段持续时间较长，从9:00开始一直到23:00都处于活跃状态，几乎没有太大降幅。

可见除了睡觉时间，人们随时都会刷一刷抖音，不管是上班族还是学生党，用15秒放松一下非常容易做到。

视频发布时间分布

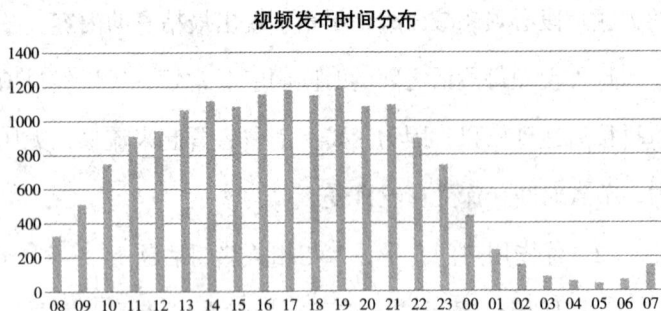

图 4-8　2018 年 2 月抖音 APP 分时活跃情况

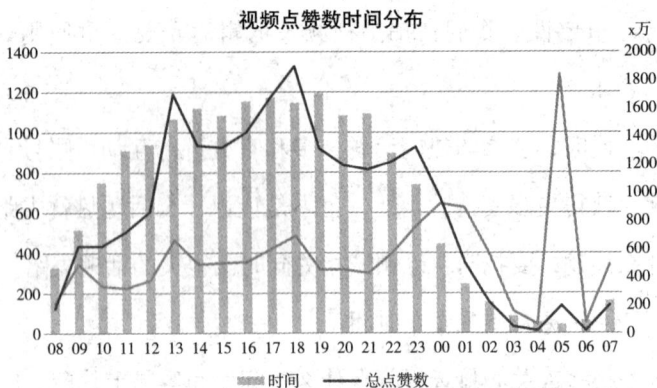

视频点赞数时间分布

x万

时间　总点赞数

图 4-9　2018 年 2 月抖音 APP 分时点赞情况

　　在什么时间段发视频比较好，图 4-9 也很清楚地告诉了我们。中午饭后（13:00）和下班时间（18:00）是抖友们最爱点赞的时刻，62% 的用户会在这段时间内刷抖音。尤其是睡前和周末、节假日这种整段时间。在这个时间段内，刷抖音的人比较多，点赞的概率也是最高的。所以在这个时间段发抖音会是一个不错的选择。

（4）引导关注的铺垫很关键

结尾要留有悬念，这样利于观众关注账号，吸引观众查看主页更多视频。一些电影剪辑类视频常把一部电影的讲解拆分为多个片段，人们关注看完一个视频，被吸引后会点开主页查看更多视频。

"关注我，查看更多精彩视频""请看下一个视频""想学习更多内容，请……""感谢关注"等，都是不错的引导语言。

第四节　引流有策略，涨粉很轻松

　　抖音能否爆粉，关键在于是否有优质的视频内容，和发布视频的数量多少并无太大关系。爆粉并没有太多绝招，始终是内容为王，做好内容大于一切。

1.优质内容的创作理念

（1）学习爱因斯坦的精神

　　爱因斯坦读小学时，一次手工课，当同学们都交上自己的作品时，唯有爱因斯坦没有交。直到第二天，他才给老师送去一个做得很丑陋的小板凳。老师看了后很不满意地说："我想世上不会有比这更坏的小板凳了。"可爱因斯坦回答说："有的。"于是他从课桌下面拿出两个小板凳，举左手说："这是我第一次做的。"又举起右手说："这是我第二次做的。我刚才交的是第三次做的。虽然它还不使人满意，但总比这两个强一些。"

上面的这则故事真假我们无从判断，我们也不必深究，这里只是想用这个故事告诉大家，做新媒体要有故事中的这种大胆尝试，不惧困难与失败的精神。

故事中，爱因斯坦的精神，非常适合做新媒体。我们刚开始玩抖音，肯定没有完美的内容策划、拍摄技巧、演出技巧、视频剪辑技术，但是不要灰心，大胆去演，去拍摄，去剪辑，去上传，只有多练习，多展示，才会一次比一次好。

（2）作品好坏让粉丝去评价

拍抖音视频和做营销的原理类似，量中求概率。一个视频不火，多发几个，发得多了总会有视频火起来。有很多账号发布了几百个作品，结果有一个作品爆了，整个账号就彻底脱胎换骨。

有精力和实力的朋友，建议每天发布一个视频，发布时间可以选择早上 7:00 ~ 8:00，中午 12:00 ~ 13:00，下午 17:00 ~ 18:00，晚上 20:00 ~ 22:00。

2. 超级有效的三大涨粉技巧

（1）视频结尾埋设悬念

抖音有一个账号只发布了一个作品，粉丝就积累了

78 万。

看这个视频会发现作者十分聪明，他设计了一个十分巧妙的悬念。这个视频讲述的是一个神奇的酒馆，可以帮助任何顾客实现梦想，但是要付出相应的代价。店里来了一位女顾客，想要很多很多的钱，酒馆阿七答应了她的要求。女顾客在视频结尾说了一句："我能知道我付出的代价是什么吗？"视频就结束了。

很多观众充满好奇，想看后面的内容，自然就关注这个账号。悬念的设计，让这个账号一晚上增粉 78 万。

（2）提前设计"神评"

视频的活跃度、互动度，取决于点赞数和评论。精彩的评论能够让视频持续获得更多互动。抖音视频的评论是非常经典的，有时候视频内容本身还没有评论经典。"神评"会让视频快速爆火，如果足够精彩，更多人会对评论点赞、再评论，持续对视频加热。

发布视频之前，尽量提前设计好"神评"，也就是所谓的"评论作弊，提前打好草稿"。视频发布之后，用几个小号把精彩的评论发出来，引导粉丝互动。

（3）评论回复更具争议性

评论回复的争议性，是提高抖音视频阅读量的重要技巧，可以在视频结尾进行引导，鼓励粉丝留言，比如"评论区留言，留下问题，我会逐一解答"。

对于粉丝的留言，要用问话技巧，设计更有争议性的回复，引导粉丝和你进行第二次、第三次甚至更多的互动。如果能够在评论区和大量粉丝互动聊天，视频自然会得到最大化的加持，获得更多流量。

如果有粉丝不认可自己的观点，可以在评论区回复"为什么这样说呢？你认为怎样做更合适？"用问话的方式引导粉丝继续沟通。

或者说一些刺激性的语言，比如"你根本不懂，一看就是外行"，挑逗粉丝进行微小对抗，粉丝的互动会更加激烈。当然，这种对抗要能够把握好尺度，能够化解掉矛盾，否则就会损失粉丝，得不偿失了。

第五章

带货农产品的形象打造

第一节　运用色彩为带货添彩

在图像上，不同颜色会带给观看者不同的感受，如我们时常提到的冷暖色。冷暖是人们对颜色的色彩感受，红色、橙色、黄色等色调是暖色，在图像上有视觉的扩张感。暖调的画面给人的感觉是温暖、热情、活力、兴奋的视觉感受。蓝色、青色、绿色等色彩是冷色，在图像上产生一种视觉压缩感，画面给人的感觉就是干净、清爽、清雅、深邃的视觉感受。

所以，我们在拍摄短视频、直播时，要根据内容布置环境颜色，使色彩更加突出主题。想表现压抑、苦闷以及恐怖的情绪可以用冷色调，暖色调特别适合表现神秘的气氛，饱和与对比强烈的色彩让人心情愉悦，黑白在表现怀旧时特别适合，红色会让人感觉亲切，蓝色会让人感觉冷静等，这些都是可以借鉴的经验。

（1）冷色调营造肃杀感

在电影中，我们经常能看到色彩比较偏冷的画面，一般在悬疑片或者恐怖片中常见，这是因为冷色调能够让人感觉比较冷静。这样的环境配合曝光不足的设置就能够很好地烘托出一种肃杀的气氛。当然，我们的短视频和直播多是让人快乐的内容，专门用来表示肃杀的场景很少，但是在个别翻转剧情中，短时间的肃杀感能够产生比较强烈的视觉冲击。

（2）暖色调让气氛神秘

暖色调经常出现在黑夜画面中，暖色由于人造光或者自然光的影响，让画面显得更有反差。在拍摄的时候，我们用有指向性的光线打亮部分环境，明暗、冷暖形成对比，反差明显，营造气氛。

（3）饱和的色调让场景更奇幻

在很多电影中，我们经常能够看到各种色彩非常饱和的画面，尤其是在一些奇幻类电影中，一些情节与童年的梦境、童话联系在一起，用非常饱满的色彩带来一种鲜艳的梦幻感。而一些短视频或者直播需要营造一种奇幻感时，可以使用更加丰富和饱和的色彩。

（4）黑白让人怀旧

最早的照片都是黑白的，这一认知一直被人们的潜意识保留，所以黑白色带给人们一种怀旧感。使用黑白颜色拍摄的视频，人物的造型、服装等都会成为光影的重要元素。因为黑白会把色彩去掉，难以传达出更丰富的情感，所以只有为了特定目的才会把短视频、直播设置为黑白的。

（5）红色让人温暖

红色经常会伴随着环境来表现，如落日、红色的街灯等，这种颜色会给人一种温暖、和蔼、暧昧的感觉。当我们要表现与特定人群的温暖、暧昧关系时，可以考虑使用红色。这种色彩一般在拍摄女性的时候使用较多。而在拍摄的时候，我们可以借助橙色或红色滤镜的使用，让整个环境都温暖起来。

色彩的应用一定要有目的性，是为了表现主题，而不仅仅是为了表现色彩而表现色彩，色彩的构成，主要是为了突出主体、表现主题、表达情感。

在运用色彩时要明确色调，切记冷暖混合，画面的色调有冷调、暖调、中间调、对比调……这色调是画面用来表现情感、表达主题的，拍摄者要根据自己的想法来统一确定色调。

同时，运用色彩时还有注意比例，色彩色别的分布要避免等量，这样的画面呆板，画面中的色块应该有大小、轻重、主次的区分，用色尽可能简洁大方。

第二节　立体形象让农产品更生动

　　对于图像来说，构图是表现作品内容的重要因素，它是确定并组织元素以产生和谐照片的过程。

1. 三分法构图

　　三分法构图可以说是最常见也是最基本的构图方法。三分构图法用 4 条直线，将画面分割成 9 个相等的方格。

图 5-1　手机自带的九宫格辅助线

这种构图的特点是表现鲜明，画面简练。目前，绝大多数的数码相机甚至是手机都内置了九宫格辅助构图线，它适用于各种拍摄题材，最常使用的就是风景、人物等。

2. 对称式构图

对称式构图就是把图像按照一定的方向对称排列，体现出对称美，具有平衡、稳定、相呼应的特点，但其缺点就是过于呆板、缺少变化。常用于表现对称的物体、建筑、特殊风格的物体。

3. 黄金比例构图

黄金比例原本是一个数学规律，后被运用到各个领域，如数学、物理、建筑、美术甚至是音乐。后来人们发现自然界中大量存在这个比例，以此为基础的自然结构设计既实用又美观。虽然在绘画和设计领域，黄金比例被视为

图 5-2 黄金比例构图线

一个准则，但摄影圈内对此并没有过多的讨论，因为这是一个比较高级的构图方法，很多人对它是一知半解。其实黄金比例并不复杂，它和三分法构图非常类似，只是它的画面比例不是 $1:1:1$，而是 $1:0.618:1$。

4. 引导线构图

引导线构图法，就是利用画面中的线条去引导观者的目光，让他的目光最终可以汇聚到画面的焦点。当然引导线并不一定是具体的线，只要是有方向性的、连续的东西，我们都可以用来作为引导线。在现实生活中，道路、河流、整齐排列的树木、颜色、阴影，甚至是人的目光都可以当引导线使用。

5. 对角线和三角形构图

对角线和三角形构图可以给照片添加动态的张力，让照片看起来更活泼。相对来说，水平线和垂直线就显得很稳定，如果一个人站在水平的表面上，他看起来就很稳定，但当把他放在倾斜的表面，就会给人造成一种紧张感。这样的构图方式更多地被运用在建筑和运动拍摄上。

对角线构图其实是引导线构图的一类，将画面中的线条沿对角线方向展布，便形成了对角线构图。沿对角线展布的线条可以是直线，也可以是曲线、折线或物体的边缘，只要整体延伸方向与画面对角线方向接近，就可以视为对角线构图。

三角形构图是以三个视觉中心为拍摄景物的一种构图方式。三角形构图将画面中元素的排布趋势大致构成一个三角形的位置关系，或是让主体造型表现为三角形轮廓。这种三角形可以是正三角也可以是斜三角或倒三角，其中斜三角较为常用，也较为灵活。

6. 框架式构图

选择框架式前景，能把观众的视线引向框架内的景物，突出主体，同时也能制造出纵深感。将主体影像包围起来形成一种框架可营造一种神秘气氛，就好像一个人从藏匿处偷偷窥视某个地方。框架式构图有助于将主体影像与风景融为一体，赋予照片更大的视觉冲击。

框架构图有两个主要的优势，一是能去除一些不必要的元素，二是能很好地把观众的视线集中到主体上。大家在拍摄时可以看看有没有合适的前景把主体框起来，这样能让主体更加突出。另外，框架式构图能很好地将主体和陪衬物相结合。

在日常生活中有很多可以利用来做框的元素，如物体形成的空隙、门窗、山洞等。

7. 低角度构图

低角度拍摄出来的图像能给人一种别样的视觉冲击，

所以很多摄影师会趴在地上拍照。拍摄时，先找好要拍摄的主体，然后蹲下来找到一个合适的角度，把手机放在地上就可以拍了。比如，拍摄一条铁路，你把手机贴在铁路上，将整条铁路放入手机的取景框中，拍出来的效果非常好。

8. 仰视构图

低角度构图是低头往下看，而仰视构图则相反，是抬头向上看。生活中有很多题材可以选择仰视构图来拍摄，会呈现出更强的纵深感。比如，高楼、树林、天空、花卉等都是可以用仰视构图来拍摄的。

拿起手机仰拍城市高大的楼宇，楼宇的线条会由四周向中间延伸，使得建筑物看起来更加高大。同样，当你身处茂密的树林时，抬头看看说不定能发现不一样的视角。这些笔直向上的树干会是很好的拍摄题材，也能带来很强的视觉冲击力。而对于花草，在拍摄时采用仰拍的角度不仅能更加突出主体，还能获得更加干净的背景。

9. 俯视构图

俯视构图和仰视构图刚好相反，这也是一种视角很特殊的构图方法。俯视构图并不是要拍摄者跑到很高的地方进行拍摄，只要找对角度，不用很高的地方也能拍出俯视的效果。

拍摄美食、生活用品、服饰、城市风光等都可以采用俯拍的形式，俯拍是从被摄主体的上部向下拍，能反映出被拍主体的顶部结构，适于表现结构和体积，增强被拍体的立体效果。

对于美食和生活用品来说，俯拍是一种非常棒的拍摄视角，因为你可以手动摆放美食和生活用品的位置，摆出一些漂亮的造型，俯拍出的造型更加别致。

10. 前景营造景深

有时候为了突出拍摄主体，我们会将图像中的其他事物做虚化处理。现在的智能手机有很强大的拍摄功能，但是还是无法完全和专业的摄像机、照相机相比，在虚化上更是如此。但是这并不是说我们不能用手机拍出虚化效果。下面提供几种方法供大家参考。

（1）近距离拍摄

将手机靠近被拍摄物体进行拍摄，也就是拍特写，背景就会虚化。智能手机的摄像头是支持近景微距拍摄的，当手机越靠近被拍摄物体时，虚化效果就越明显。

（2）使用变焦功能

使用变焦功能的前提是手机要有这个功能，如果有就可以变焦拍摄。当无法靠近被拍摄物体时，就可以通过变焦将物体拉近，这样就能拍出虚化的效果了。当然变焦也会带来一些不好的影响，会导致画质不高。

（3）智能模糊

现在很多手机的人像拍照模式是支持智能模糊背景的，也就是通过软件计算来智能达到背景虚化的效果。

第三节　延时特效让农产品更特殊

　　延时摄影是一种将时间压缩的拍摄技术，也叫作缩时录影。其拍摄的是一组照片或是视频，后期通过照片串联或是视频抽帧，把几分钟、几小时甚至是几天几年的过程压缩在一个较短的时间内以视频的方式播放。目前大部分手机支持延时摄影，打开手机的相机就可以看见。

　　在抖音里面我们会经常看见一个 10 秒的短视频里有万物生长、风云变幻的场景，甚至 10 秒的视频里能看到一年四季的变化，带给人一种视觉效果上的震撼。这就是使用了延时拍摄的手段。延时摄影通常用在拍摄城市风光、自然风景、天文现象、城市生活、建筑制造、生物演变等题材上。

　　用手机拍摄延时视频时，拍摄的时间不宜过长，毕竟手机的电池容量有限；另外，在高温环境下不要长时间拍摄，这样对手机的伤害很大，甚至可能导致主板烧坏。

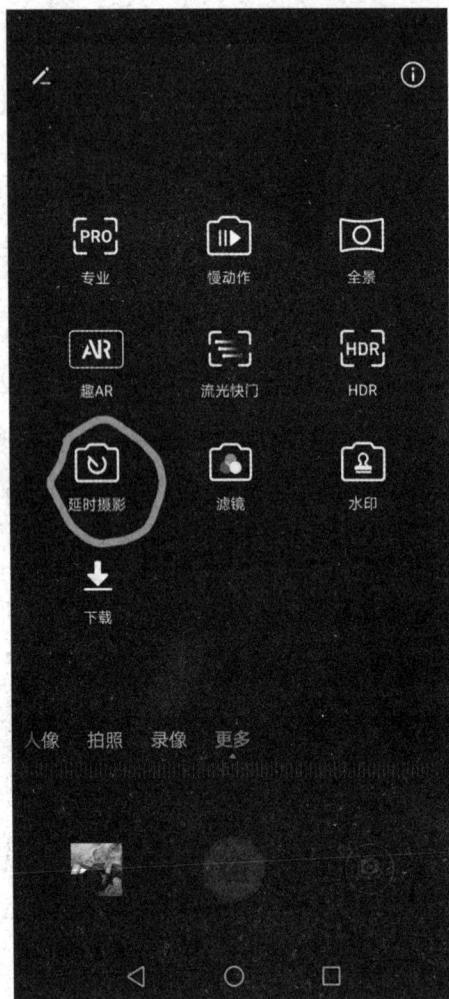

图 5-3　手机延时拍摄

　　在短视频、直播 App 中，平台也提供了一些制作特效视频的工具，可以对视频摄制速度进行调节，通过快速、慢速、转场、美化、滤镜等功能让拍摄的视频达到一些特殊效果，为农民朋友们宣传农产品提供更多手段，如图 5-4 所示。

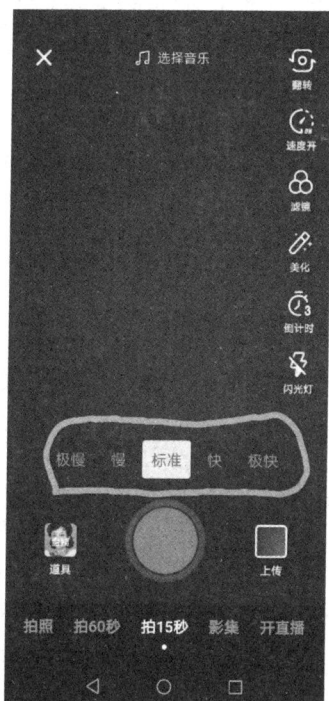

图 5-4　抖音提供了不同速度的录制功能

第四节 农产品视频拍摄的注意事项

1. 手机内存要充足

以主流的 1080P 全高清的分辨率为例，拍摄一个 1 分钟的短视频所需的空间最少为 100M，如果拍摄 2K 或者 4K 视频所需的空间会更大。而在实际拍摄中，要达到我们想要的创意或者效果，一般会拍摄很多遍或者很多段，所以预留几个 G 的空间是非常必要的。在拍摄之前，首先要检查手机的存储空间，一般在手机的"设置"选项中可以查看手机的存储情况，如果空间不足就需要删除一些东西或者安装存储卡及其他外置存储设备。

2. 手机调为飞行模式

在开始拍摄之前，建议将手机调为飞行模式，这样可以防止短信、电话、微信和其他通知在拍摄时弹出，分散你的注意力、影响拍摄。如果不关闭这些，拍摄时，通知消息会在屏幕上弹出，还有可能将通知提示音录进视频，特别是如果有电话打进来，视频录制将自动停止，好不容易拍摄出想要的效果，却因为一个电话需要全部重做。

3. 横向拍摄效果更好

在拍摄照片时，横向或者纵向拍摄并不重要，但是对于短视频创作，更建议保持横向拍摄，因为现在主要的媒体平台，像优酷、头条等都是横向视频，如果纵向拍摄，在播放时，就会在屏幕两侧出现黑条。当然也有例外，像火山小视频、抖音、快手等平台都是纵向拍摄的。所以拍摄前先要确定你准备把视频分享到哪些平台，然后决定使用哪种拍摄方式。

4. 保持拍摄稳定性

在手持拍摄中，最重要的就是保持稳定性，抖动比较大的视频观看起来会让人感觉很不舒服。现在很多手机有防抖功能，手持拍摄中建议打开防抖功能，而且即使打开了手机防抖功能，我们在拍摄中也要尽量保持手机的稳定，特别是在拍摄特写、横向镜头等画面时，稳定手机的技巧就是双肘和身体夹紧，并且稳定呼吸。当然，保持稳定最好的方法是借助工具，在拍摄固定机位的时候三脚架是最好的帮手。

由于手机比较轻便，在手持手机的时候很容易发生抖动，在拍摄的过程中，最好借助手机稳定器来稳定设备，如在拍摄静态画面时，如果身边有比较稳定的大型物体，如大树、墙壁、桌子等，也可以借助它们来拍摄。拍摄者可以手持手机，并将手机固定在墙壁、大树上或是立在桌面上，形成一个比较稳定的状态。当然这样虽然比较稳定，机动性就会比较差，也很容易拍摄到墙壁、桌面等物体。如果条件允许的话，最好还是架上手机稳定器，目前手机稳定器价格也不高，携带也很方便，还可以利用稳定器玩玩移动延时摄影，使拍摄的视频更有新意。此外，选用带有光学防抖功能的手机，也能在一定程度上稳定拍摄的画质。

5. 拍摄光线需注意

在良好的光线条件下，大多数人能拍摄出画面质量比较好的视频，但是在室内或者光照环境比较复杂的情况下，就需要一些技巧了。首先要注意光线的方向，在逆光的时候也就是光线在拍摄主体的背后时，拍摄的画面会比较暗，我们应当让拍摄主体面向光源的方向。如果光线比较暗，我们还可以通过调整视频拍摄中的曝光度选项，让画面更亮。如果光线非常暗，我们还可以打开手机的闪光灯增加光线，但是这种方法拍摄的画面也不是很好，仅在应急情况下使用。最好的方法就是使用一些简单的灯光设备进行照明，增加拍摄主体的光照度。

6. 拍摄中谨慎对焦

由于手机摄像头对焦的机制并不如摄像机手动对焦效果那样好，所以如果在拍摄视频的过程中重新选择对焦点时，画面会有一个由模糊到清晰的缓慢过程，很容易影响观看者的注意力。所以，如果不是为了营造特殊的模糊效果，在按下摄像键之前，最好关掉自动追焦的功能。此外，还要先找好对焦点，避免在拍摄的过程中再次对焦，以保证画面的流畅。

第六章

农产品直播带货小窍门

第一节　直播带货"装备齐"

凡事预则立，短视频、直播要不打无准备之仗。做短视频、直播需要准备的东西很多，下面进行简单的介绍。

1. 硬件设备

电脑（配置要满足短视频、直播需要）、手机设备，布置场景的饰品如各种农产品、农具，拍视频的支架，摄像头、麦克风等可能用到的设备，需要的话可以准备幕布，便于制作背景。

2. 制作软件

视频处理软件（如爱剪辑、Premiere）、声音处理软件、配音处理软件（如讯飞听见）、字幕处理软件（如Premiere）、特效处理软件（用来选取片头片尾素材等）、录屏软件（如ocam屏幕录像工具）、视频转换压缩软件（如格式工厂、小丸工具箱）。

3. 素材准备

乡村短视频、直播的素材很重要。这类视频不但可以选择常见的搞笑、唱歌、跳舞等类型素材，还可以选择乡村的特色素材，如表现农村生产的活动、展示特色农产品、农村民俗表演等。在进行乡村短视频、直播素材准备时，需要选定一个方向或题材，可以挖掘自身优势，找到能充分发挥自己优势的素材，做到人无我有、人有我优。此外，还可以搜索素材，寻找灵感，如可以通过热搜榜排行、新媒体数据平台等渠道发现热门素材，适当引入自己的视频中。还可以多看一些与自己定位类似的视频，如专注农村原创视频的成功账号等，学习他们的经验。

4. 提前准备脚本

为了达到预期的效果，提前对短视频、直播的内容进行创作和安排是非常必要的。可以提前琢磨好标题、封面、关键词，设计好视频中要增加的特效等。当然，这也对视频拍摄者提出了很高的要求，一个好的脚本策划是很难的，这就是为什么一些知名视频出品者一个星期也就出1~2个视频，因为脚本难呀，内容是短视频能否吸引人的最重要的因素。

那么短视频内容创作到底该怎么做，可以从以下方面入手：

视频方案：包含脚本策划和视频发布标题及介绍。

（1）脚本策划

主题：体现农村特色、自身特色，有核心内容，为视频定位。

人物：视频中涉及的人物关系提前安排，让内容连续紧凑，每个人物需要展现的个性与如何配合都要有计划。

关系：是指整个视频制作、脚本、内容的配合。

内容：整合人物，组织情节，形成完整的短视频。

（2）视频发布标题及介绍

要求简洁明了，能够吸引观众眼球，杜绝标题党。

为了达到良好的短视频、直播效果，要对视频进行深加工，需要考虑：使用哪些视频制作软件；添加哪些视频要素，片头片尾设计、特效、配音、字幕、转场等。

对于定位乡村的短视频、直播，需要准备一些乡村类的素材，最好专注于某一些单一领域，展现出来不同的乡村风情风貌，如美食、风景等，最好是自己擅长和了解的方面。一般来说，如果是记录乡村生活的话，拍下自己想拍的内容，然后去剪辑就可以了。

第二节　标题是抓粉的第一把武器

在视频制作完成后，要往多个平台发布，这就需要一个能够吸引人的好标题，这是大家最头疼的事情。取一个好的标题，是短视频、直播运营中特别重要的一步。不管是吸引用户点击观看，还是获得平台更多的推荐，好的标题都是一个必选项，能够辅助文章和视频传播，而不好的标题可能会将你的优质内容埋没。

在没有看到内容之前，标题是吸引人观看的第一关键点。标题就像一个人的名字一样，具有特色和代表性，是观众快速了解短视频内容并产生记忆与联想的重要途径。同样一个视频，标题上几个字的差别，就会带来截然不同的播放量。

在进行乡村短视频、直播制作时，我们虽然不建议做标题党，但也要合理激发观众阅读的兴趣。

好的标题一般具有以下特点：挑起人们的好奇心，可以提炼冲突矛盾，语句针锋相对，引导观众点开视频寻找答案；可以制造反差，与常识形成对比，给人理念的冲击；有一些"测评""体验"等体现实践性的词语；可以多用疑问句，点出观众好奇的问题，设置悬念。

多手段强化观众情绪：多用第一、二人称，还原场景对话；点出内容针对的对象，快速定位目标受众；主动给自己贴标签，辅以标点符号强化预期；标题中尽量不用反问句和挑衅意思的词语，那样容易招致观众反感。

标题要一目了然，用语简练，让观众一眼知道是什么意思。一些隐晦的词语，观众要琢磨半天才能理解，很可能会不耐烦，根本不会点击收看。标题词汇中可以用动词代替形容词，阿拉伯数字代替大写数字。

与高频词汇贴合。当下出现的高频词汇总是能吸引更多人注意，要善用从众心理，将关键词替换成相似的高频词汇。标题用词多使用与热门、高频词汇含义相似、观众更感兴趣的词语。

当然，取标题也有一些技巧可以借鉴。

1. 字数 10~30 字

很多短视频、直播平台对视频标题的字数提出了要求，一般在 10~30 字。这里标点、汉字、英文字母、数字字符都计算在内，如"——"占两个汉字空间，记作两个字，字数过多的话平台系统会自动提示不允许发布。

此外，由于视频 APP 上，每一条视频显示一般为封面图在左、标题在右的呈现形式，标题可以显示的字数是有限的，超出的文字则会在末尾用"…"显示。所以在设计标题时还要考虑显示问题，将字数控制在能全部显示出来为好。研究数据显示，播放量高的视频标题字数在 20 个字左右。

2.描述内容精准

媒体平台对短视频总体遵循机器算法推荐的原则，平台系统会依据你的标题，提取分类关键词进行推荐，随后视频的点播量与评论数及用户停留时间将决定你的视频能够继续得到推荐还是被"过滤"掉。因此，在视频标题中选用合适的关键词就非常重要。

清晰的标题会更容易被视频平台算法定向推荐给目标用户，更容易让用户在海量信息中判断是否点击观看你的视频，这就容易形成播放量越大，平台越推荐的良性循环。如果你个人、你的企业、你的视频还没有具备极大知名度，标题上还是不要太随意、随性，太朦胧的标题只会挡住观众点击的手。

3. 活用高流量热词

现在网络时不时就会出现流行语，一段时间内大家都会刻意或不刻意地使用、传播这个词。而中华文化博大精深，多词一义的情况屡见不鲜，标题用词上也可以选择与流行词意思相近的词语来达到推动传播的效果。热搜指数和百度指数都可以提示你哪些词是当下最流行的，选择流量更高的敏感词与流行语是提高视频搜索量的一种好办法。

4. 视频要抓住爆点

视频标题要用关键词来"敲黑板""划重点"，对内容进行精准描述。这就要求标题用语要能体现视频的精彩"爆点"。同样的视频，100%的内容在标题上进行了200%的展现就是成功。所以，要尽可能多地将视频中体现的观众"燃点"挑选出来并呈现在标题上，以此来提高标题的辨识度。另外，尽量将视频内容中的"爆点"放在标题的开头，帮助用户"划重点"，降低阅读成本。

5. 阿拉伯数字更有力量

研究机构发现，含有数字的标题在快速辨识记忆方面的效果比不含数字的标题高4倍以上。标题中加入数字会让标题更加直观。相比较来说，"1、2、3、4"比"一、二、三、四"更加直观。使用数字能给用户带来更直观的解读，也更容易造成强大的冲击力。

6. 巧用疑问句

短视频标题的惯用句式包括陈述句、感叹句和疑问句，每种句式各有特色。其中陈述句表达完整性最强，也是最常见的句式，但呈现内容比较平淡，相对不容易出彩；感叹句有利于表达态度与观点，但使用要得当，提出能够真正震撼观众的内容，避免流于形式，"震惊！""太棒了！"这种简单抒发个人情绪的感叹句并不能对观众产生多大吸引力；疑问句往往能够激起用户强烈的好奇心，引导效果一般比感叹句更好。

7. 悬念扣人心

用标题讲故事是提升短视频吸引力、感染力的好方法，更是提升传播力与导引力的关键。在 20 字左右的标题中，尽量讲好故事、制造悬念，激起用户的阅读欲。

8. 反常规认知让点击暴增

追热点、蹭点击是增加短视频曝光率的常用方式，但大量同质化的内容不免令用户感到乏味，此时打造差异化就显得格外重要了。将打破常规认知的观点提炼出来，并在标题上加以体现，能够让人产生强烈的好奇心，生成疑问，自然有一探究竟的动力。

9. 代入感让用户钻进"圈套"

增加短视频、直播代入感的目的在于拉近视频观看者和制作者间的心理距离，让用户觉得视频的内容与自己的切身利益息息相关。一旦用户认可了视频的内容，就会在自我表达的时候借助短视频表达自己的观点，这样就激发用户在社交网络内的分享行为，从而产生连锁反应，形成爆款视频作品。常见的增加代入感的方式包括贴身份标签，在标题中点名"属虎的人必看""90后""北漂青年"等，直接圈定相应的目标人群，制造情感共鸣。

关于设计标题技巧还有很多，具体选用哪种技巧，要根据视频内容、自己的目标对象、要达到的效果、推广平台的要求等来考虑。

知道了这么多技巧，我们也需要注意一些禁忌，注意不能出现以下问题：

（1）违反国家大政方针的用语。对于国家的一些大政方针，发表不当言论，用语极端。

（2）低俗类用语。标题中带有肯定黄赌毒等行为的用语，出现色情、暴力、低俗内容的用语。

（3）故弄玄虚。在标题中出现"不为人知"之类的词，结果内容却是大家习以为常的东西，标题与文章内容有很大的落差。

（4）标题带有挑衅的意思。标题中出现"不看后悔一生""你必须知道"等这些对观众来说有挑衅意思的词语。

第三节　直播带货选品的 9 个技巧

　　做直播带货的重点是：人、货、场。人是指直播带货的人，场是指直播带货场地，货自然就是我们直播带货的产品。

　　看过直播的朋友都知道，主播带货的产品种类非常丰富。例如有的主播虽然是以卖美妆产品为人所熟知，但他并不是只卖美妆产品，也会卖零食、家居用品等。那是不是表示，我们直播想卖什么就卖什么？

　　当然不是。

　　热门主播带货产品种类丰富，是因为他们本身已经积累了非常庞大的粉丝群体，打出了知名度。但如果你只是一个名不见经传的小主播，就不能这么"任性"了。如果直播带货人和场都到位，但产品没有到位，那么这场直播可能就打了水漂。

那么，直播带货产品怎么选呢？

一、直播带货产品与账号定位属性相关联

我们常常说，视频内容要与账号定位垂直，系统才会根据你的垂直内容贴上精准标签，将视频推荐给更精准的粉丝。直播带货产品选择也一样，你的账号如果主攻水果，直播带货产品应尽量选择水果相关产品。这样做，一方面你对产品的熟悉度高，另一方面也符合粉丝对账号的预期，更有助于提升产品转化。

二、亲自使用产品

带货不是把佣金挣到手就行，你要对自己带的货负责，这是树立自己品牌的必然要求。对于要卖的产品，要亲自使用，有了亲身体验，才能知道它到底是不是一款好产品，能不能满足你的粉丝消费群体需求，也能知道产品特性如何，在带货的时候能给粉丝很好地展示该怎么使用。你的亲自使用也能给粉丝带来安全感，他们会对产品产生更大的信任。

例如，你卖一种非常甜的橘子，你得事先知道它甜不甜，最好有数字化的甜度，也要知道它入口后的渣滓多不多，是有籽的还是无籽的，你还要知道它和其他橘子的不同之处、它的营养成分有哪些，你的粉丝对橘子有哪些需求，你的这种橘子能否满足他们的需求，这些都需要你亲测过后才能得出结论，才能在直播间根据实际使用感受，向观众、粉丝推荐你的产品，推介才会更有说服力。

三、按照粉丝需求选品

根据你的直播账号所针对的具体消费群体和不同场景的不同需求，选择直播电商带货产品。从用户的角度来看，在哪里购买产品不是最重要的，产品能解决他遇到的问题，解决他某个场景下产生的需求才是最重要的。

关注你的粉丝一定是因为你的直播间的特定属性能满足他们的需求，在选择直播带货产品时，一定要了解你的直播账号上粉丝用户的属性和需求，根据粉丝来选择产品。例如粉丝的年龄结构、男女比例、受教育程度等都是要考虑的。可以对自己的目标用户进行画像，借助数据分析工具，对粉丝进行深入解析。通过对粉丝画像解读，明确自己账号的目标用户画像。根据这些需求，及时补充产品品类，满足粉丝需求。

四、选择高热度产品

热点意味着高的关注度。与发视频蹭热点的逻辑一样，直播带货产品也可以通过蹭热度的方式来实现广传播、高销售。热点可以和季节相关，例如端午节要吃粽子，中秋节要吃月饼，春季的草莓、秋季的梨、夏天的小风扇、冬天的暖手宝；也可以是某个时间里网红、明星带火的某款产品或者社会上出现的某个热点事件，如果我们的产品可以和这些热点联系上，在不违反法律、道德的基础上可以蹭热度。

不管人们是不是需要这件东西，在特定的时间段，人们对热点的东西保持了高度关注，就算不买，他们也可能会在你的直播间热烈讨论相关话题，提升直播间热度。

五、选择高性价产品

不管是哪个直播带货平台、哪个主播，高性价比和低客单价的产品都会在直播带货中更占优势。直播带货农产品可以采用"低价高质"的选品策略，意思就是，你的产品价格要比同类其他人的低，但是质量不能差，也就是高性价比，确保你给到粉丝的产品价格是有吸引力的，提升粉丝购买体验。

高性价比的产品一方面最大限度地保证了粉丝的权益，另一方面也让粉丝对主播产生了极高的信任，提升粉丝黏性和复购率。

六、多样性

直播带货选品首先要做多样性的测试，提高产品更新率；假如选了 20 个产品，做测试的时候发现其中 5 个转化率比较高，说明你的粉丝喜欢这 5 类产品，那么你就可以根据这 5 个产品的特征去选择下一次直播带货的产品。

为了保持粉丝新鲜感，增加粉丝黏性，要提高产品的更新率，不断开发好的新产品。

七、好产品有好卖相

直播带货是具有场景感、沉浸感的互动式带货，人都是视觉动物，好品相的产品也更能激发粉丝的购物欲望。

从外观、质地、使用方法以及使用效果上进行立体展示，形成对粉丝感官具有冲击力的产品效果。

八、有品牌的产品好转化

品牌背书利于转化。能选择有一定知名度的产品就选择有知名度的产品，质量有保障，避免售后问题；好的品牌也能提高直播间转化率。

九、组合式货品

直播间的货品组合一般分为引流款、利润款、话题款（爆款）。

引流款一般就是低价商品，比如9.9元包邮等价格相对较低，用户决策成本较低的产品。一般放在直播开头阶段，可以用来做限时限量秒杀，只有100个、1000个……有利于营造直播间的热烈气氛，打消粉丝的购买顾虑。

用引流款让直播间人气到一定高度之后，就可以上利润款了。这类产品是能给你带来最大利润的产品，在直播间氛围良好的时候切入利润款，趁热打铁，更容易成交转化。

　　话题款一般是指品牌货、联名款，或是话题性的爆款、新品、明星同款等。这类产品能够让直播间粉丝产生兴趣，能够带来宣传点，利于主播宣传。

第四节　品牌、内容、体验"三箭齐发"

那么商家如何才能在满足用户产品需求的同时，利用短视频、直播开展新媒体营销，让产品销量一路飙升呢？

其实，短视频、直播营销要做好，只需要将品牌、内容、体验三者有机结合。在短视频、直播平台上，内容是基础，无论是品牌影响力还是用户完美体验，都要从内容说起。无论内容还是体验，其最终目的都是强化品牌影响力，达到品牌营销的目的。

因此，短视频、直播营销要想让这三方面实现完美结合，需要从以下几点入手：

1. 短视频、直播内容要有价值

在当前视频几乎无处不在，似乎是"无视频不生活"的时代，吃饭拍视频、发呆拍视频、化妆拍视频，甚至睡觉都可以拍成视频。但是，随着一些无聊内容的同质化，用户对短视频、直播内容逐渐感到厌倦，用户开始追求高质量的短视频、直播内容。做有价值的短视频、直播内容，让价值内容为品牌服务，才是短视频、直播营销真正需要做的事情。

2. 短视频、直播内容要有创意

短视频、直播平台本身就是一个媒体平台，在短视频、直播平台上一味地借助颜值、聊天、跳舞来吸引观众，将会使得短视频、直播内容的创意性完全丧失。而富有创意性的短视频、直播内容不但可以给广大用户带来了新鲜感，也可以给广大消费者带来了不一样的消费体验，更重要的是能够让产品品牌深深地烙印在客户脑海当中，更极致的是能够引起用户的尖叫，经济效益自然不是问题。

2018年天猫"双11"晚会采用全程直播的形式进行，压轴节目是马云与几位达人的比拼。马云第一次尝试不同的职业，比如说涂口红卖口红，挑战全网最红的口红电商主播、8秒能捆扎一只螃蟹的在天猫上售卖螃蟹的农民和一个月能打包4万件货物的"打包女王"。最终，"不自量力"的马云输了。但是他却输得非常开心，他的这个行为是在向自己的员工、用户致敬，没有他们就没有马云今天的成就。通过直播，马云把普普通通的购物变成了一个狂欢的仪式，最终达到了 2135 亿元的成交额。

当我们把内容做好，用更好的形式表现出来的时候，其实销售是不用担心的。

3. 直播内容要契合品牌定位

品牌短视频、直播的广告内容能够开辟出最契合品牌的定位，能为品牌带来更多的粉丝，这是短视频、直播营销成功的关键。网络上有大量的网红资源，如平台名人、意见领袖、网络红人等资源，他们与粉丝之间已经形成了稳固的"信任"关系链。寻找与自己产品品牌契合度最高的网红资源来进行短视频、直播营销，可以将品牌的曝光量无限增大，吸引目标消费者关注。这种通过意见领袖的影响力带动品牌影响力的方式，关键在于短视频、直播的内容契合品牌的定位。

总之，短视频、直播营销达到预期效果的关键就在品牌、内容、体验三者相融合，内容是基础、品牌是核心、体验是目的。内容直接服务于体验，间接服务于品牌，体验又能提升品牌影响力。

第五节　好内容有哪些特征

　　与传统的文字、图片、音频等表现形式不同，短视频、直播更具生动、实时的特点，能够更好地吸引受众，从而引发社交互动。短视频、直播更加贴近消费者，可以给消费者带来更好的视觉感受，因此，越来越多的自媒体人开始利用直播平台进行火爆刷屏，也由此带来了可持续的商业机会。与此同时，人们也看到了短视频、直播或者自媒体人的价值所在，开始带动整个短视频、直播领域进行内容生产的价值重塑，引爆了市场全新的想象力，在短视频、直播浪潮下也催生出了网红经济。

　　网红经济的出现使传统电商人和自媒体人打破了原有的那种短视频、直播靠颜值才能火爆的思维，开始对内容电商有了更多的了解和认识，短视频、直播对电商的推动作用更加明显。各大巨头布局短视频、直播领域，增强了短视频、直播的体验功能，也吸引了越来越多的企业和个人用户投资加入短视频、直播营销大军当中。借助短视频、直播平台进行营销并实现产品盈利已经成为当前重要的营销形式。

所谓短视频、直播营销，就是以制作和播出节目的方式将短视频、直播平台作为营销载体，传播品牌内涵，提升品牌影响力，从而达到提升产品销量的目的。短视频、直播营销的核心价值在于能够聚集观众注意力，从而让产品形象入脑。基于这种强大的能力，可以预见，未来短视频、直播营销很可能会成为每一种产品营销的标配。这一点在淘宝、天猫、京东的视频详情介绍逐渐增多可见一斑。

比如，自手机淘宝正式上线直播以来，不但淘宝卖家可以直播上新、试穿体验，用户也可以实现边看边买的全新的视觉与消费体验。

短视频、直播自2016年开始爆发后，有的平台为了追求流量变现开始无节制地滥用视频节目，"三俗"类视频充斥平台，为行业发展带来了很大的负面影响。但经过几次整改之后，短视频、直播行业又重现活力和生机，优质、独家内容的短视频、直播平台上迎来了巨大的红利。同时也吸引了更多的企业和个人发力短视频、直播营销，新一轮价值体系和消费观念正逐步深入人心。人们开始对短视频、直播提出内容方面的更高要求，好内容总是稀缺的，也是价值最大的。

那么究竟什么样的短视频、直播内容是好内容？

视频内容好坏可以从 7 个方面进行判断：

（1）是否和观众兴趣相关，这是第一位的。

（2）能否触动观众的情感。

（3）是否有精华前置的设计，把最好的东西放在最前面。

（4）是否可碎片化，或者是可碎片化结构的。

（5）是否用心制作。

（6）是否有爆点的提炼，并根据不同的平台属性进行分发。

（7）是否进行数据的分析和跟踪。

2016 年是移动互联网直播元年，2017 年、2018 年短视频、直播有了更加长足的发展。各路人马竞相登场，在短视频、直播领域掀起了一场又一场视频营销浪潮。短视频、直播作为一种新工具，具有场景即时性、感官移情性和互动参与性等优势，为产品营销注入了活力。但是，如果仅仅将短视频、直播营销的重点放在网红的猎奇上，对于营销来说肯定是远远不够的。

在互联网时代，消费者购物时的需求越来越高，产品只是在性能上满足消费者的需求，在市场中的胜算并不大。因为消费者的追求已经脱离了之前单纯的产品品质和价格，更多的是希望能够获得情感或精神上的共鸣。因此，内容决定短视频、直播营销的成功与否。可以说，那些没有实质性内容，只想凭借颜值、讲无聊段子的方式上位的营销必败无疑。真正的好内容是能够和用户产生强关系的内容，与用户之间有紧密关系的营销内容才能让品牌借助短视频、直播的新兴手段走向成功。

那么什么样的内容能够与用户之间产生强关系呢？和用户产生强关系的好内容具备以下特征：

1. 带给用户参与感、尊重感、成就感

粉丝是一个特殊的用户群体，他们所付诸的关注行为并不只是停留在单一的对短视频、直播营销产品的了解，更多的是想通过一定的支付方式如打赏，来获得视频内容中所蕴含的价值。他们能够为了自己满意的视频产品付费，这一点已经充分证明了粉丝和一般用户之间的区别。让用户向粉丝转化的关键是应当重视和满足用户的参与感、尊重感、成就感。

要设计短视频、直播内容，让用户参与进来，进行互动性话题讨论，从而产生有价值的建议或意见。这样的方

式能够完善和改进短视频、直播内容，提升其价值，进而提升营销效果。通过互动性话题讨论，让用户觉得受到了主播的关注和尊重，当意见或价值被采纳之后，用户便会由此产生一种极大的成就感。因此，满足用户的参与感、尊重感、成就感的内容是短视频、直播作品不容忽视的。

2. 内容便于充分互动

做短视频、直播营销的目的就是通过持续吸引用户，持续聚粉，提升互动能效性，从而提升直播营销的持续生命力。因此，设计出能够持续与用户互动的内容，是短视频、直播营销的重点所在。互动性的短视频、直播内容能够让短视频、直播营销变得像游戏一样，让所有的用户有存在感，这样所有的用户能积极参与进来，实现持续不断地互动。

3. 原创的内容更有魅力

以往网络直播的本位是颜值和内容，但是长期的颜值直播已经给观众带来了视觉疲劳，趣味性尽失，甚至演变成为有钱人的烧钱游戏。随着短视频、直播行业的发展，短视频、直播开始逐渐弱化颜值因素，回归内容本身。

但是，在产品同质化时代，千篇一律的内容必然让观众感觉索然无味，必然会像最初的颜值模式一样被用户抛弃。只有注重内容的原创，更多价值内容源源不断地输出，才能从根本上进入观众的内心。可以说，没有原创内容的短视频、直播就像没有灵魂的人一样，无法给其他人刻骨铭心的感觉，对短视频、直播营销效果也不会产生太大的作用。唯有那些带有满满的正能量的创意短视频、直播才能持续受到用户的青睐。

4. 内容人性化才能留住观众的心

很多人认为，短视频、直播营销的重点在于让用户愿意点击进来观看。其实这样的观点是错误的。因为单一的视觉观看只能够在视觉上给用户带来冲击，却不能够真正让营销品牌、产品深入人心。真正能够让产品、品牌深入人心，还得靠人性化内容导入。

如何才能在短视频、直播营销过程中将内容做得更加人性化呢？

介绍要有故事性。在短视频、直播营销过程中，以讲故事的方式加入情感共鸣元素，将故事嵌入企业产品、品牌发展战略，能够通过人与人之间的情感互动引起共鸣，这样更能够顺利建设品牌形象，对短视频、直播营销可以起到事半功倍的效果。很多品牌在树立的过程中有感人的故事。当成功塑造一个品牌故事之后，就会通过这个感人至深的故事将品牌与消费者连接起来，而这个故事则充当了连接的接触点，让用户更加深入地了解品牌内涵，让用户从内心接受品牌，愿意消费品牌的产品。

人性化内容的另一个要点就是营销的内容能够被用户更加方便地获得。互联网的出现让我们的生活获得了前所未有的便捷与满足。比如，听说一本书很不错，我们可以在网上立刻下单，上午下单下午就可以收到快递的图书，或者直接在网站阅读电子版图书；如果想看电影，可以直接打开视频网站搜索资源，不超过半分钟就能搞定。然而，互联网为人们带来的便捷也让我们逐渐失去了耐心。自然，作为消费者，同样也希望在短视频、直播营销的时候快速知道营销的内容。解决这一问题的有效办法就是让内容具有即食性。

在直播营销过程中，为了在广大用户面前增加品牌知名度和存在感，进而吸引更多的消费者，品牌方通过创建搞笑、游戏、猜谜或带有竞争性的内容来提升吸引力，这样就更加容易引起消费者情绪上的浸入，更重要的是能够帮助其在短时间内快速"消化"。

人性化内容的另一个要点就是互动趣味性。复杂的内容往往令人却步，那么做短视频、直播营销，如何才能将复杂的话题内容通过大众熟悉和喜欢的方式表达出来呢？答案就是让话题互动实现趣味性。人们对于趣味性的东西往往是不会排斥的，这种内容便于人们形成持续的话题互动。在短视频、直播营销内容中加入趣味元素，用户才能玩得更投入。

5. 有价值的内容才有销售力

很多品牌商或者主播认为，做短视频、直播营销只要能带动气氛，引导观众积极进行互动就可以成功实现产品和品牌营销。其实这种观点是片面的。因为，好的氛围和观众的积极互动不会仅仅因为直播内容幽默就达到预期的营销效果。如果你的短视频、直播内容只能作为一种乐子，博得观众一笑，然而笑过之后却没有在观众脑海中留下任何深刻的印象，这样的内容其实就是一种"快消品"。观众短时间内将其"消费"殆尽，却没有起到任何实质性作用，没有留下任何意义和价值，对你产生不了信任的关系，自然不愿意接受你的推荐去购买。所以，唯有有价值的内容才能让观众信任，才能产生真正销售动力，这样的内容做短视频、直播营销才有意义。

第六节　带货内容的制作原则

在农村，短视频、直播的素材很多，能进行短视频、直播宣传的各种人才也不少。但是真正能让观众愿意点击收看，能够让人认可的，仍然是少数。一些乡村短视频、直播为了吸引观众，哗众取宠，无底线恶搞自己或他人，甚至出现吞灯泡、生吞活物、炸裤裆等自虐视频。这不但给自身带来很大的危险，也误导了观众，为美丽乡村抹黑，是我们不提倡的。

那么，在内容选择上，乡村短视频、直播应该遵循什么原则，制作哪些方面的视频呢？

在选择视频内容时，应该形成自己的原则，突出自身优势。

1. 做自己喜欢做的

兴趣是最好的老师，制作短视频、直播也是如此，你的兴趣能够给你坚持下去的动力，让你持续产出视频产品；你喜欢的必然也是你愿意用心学习乃至达到精通的方面，这样你就能将视频内容做得更加深入，做精做细，做出视频的差异化来。

比如，有的农民朋友喜欢业余时间琢磨一些小发明，可以是生活中用到的小发明，也可以是种地、务农用到的小发明，甚至有些是没有什么明确用途的东西。在这些小发明中，有些独特的发明可以制作成短视频、直播，让更多的观众看到，带给他们一些快乐、思考、惊叹。

2. 做自己有资源做的

无论做哪种短视频、直播，都离不开各种资源的配合，人、物、财的投入都不能少。

对于乡村短视频、直播来说，什么叫有资源？有资源就是通过资源你能把短视频、直播创作出来。比如，发布手工艺品制作过程的视频，你有手艺，自己录制制作过程，这是资源；你自己不会手艺，但是你认识会手艺的人，人家也愿意配合你录视频，也可以算是有资源。只要自己想做的内容，你有能力让它实现，那就是有资源。所以，大胆去做就好。

3. 做差异化的视频

现在网络上同质化的内容可以说多如牛毛，短视频、直播行业也是如此，成千上万个人都唱一首流行歌曲，观众选谁？要想鹤立鸡群，你的视频就要与众不同，走差异化道路。首先可以增加自己视频的垂直度，就是专业度，说白了就是视频内容的深度。你够专业、够深度，就会带来权威性，看这类视频的观众就会只认可你。对于乡村来说，专业农业技术就是一个垂直度高的内容领域。

案例分享——淘宝直播帮助贫困县脱贫致富

村播计划形成特色直播脱贫模式

2018 年"双 12"期间，淘宝直播一晚上帮助贫困县卖出农产品超千万元，带火了砀山梨膏、兴安盟大米等多个农产品品牌。2018 年，淘宝直播举行了超过 15 万场农产品的直播，超过 4 亿人次在线收看，形成了"主播＋县长＋明星"的特色直播脱贫模式，有效带动了贫困地区脱贫。

在 2019 年 3 月 30 日举行的淘宝直播盛典上，淘宝直播与河南、山西等 11 个省市的代表共同启动"村播计划"，宣布将覆盖全国 100 个县，帮助培育农民主播，实现 1000 位农民月入过万。淘宝直播为农民主播提供直播培训，帮助培育自身特色，通过直播带动农产品销售，为脱贫点燃火种。

图6-1　淘宝直播中的"村播"

　　为了推动村播计划的落地，淘宝与全国县域建立长期直播合作，上线"中国原产地图"，开启农产品原产地寻味之旅。此外，淘宝还与电视台合作，共同打造公益扶贫栏目，建立地域特色名片。村播项目独有"主播＋县长＋明星"特色玩法——明星以公益角色加入村播计划；县长以全新面貌进入直播间展现风采，成为"带货能手"；消费者以买代帮、助农扶贫……村播计划不仅从内容形式上为消费者带来了耳目一新的消费体验，更是联结发动了社会多方力量共同参与，共襄助农扶贫盛举。

在 2019 年天猫"6·18"期间，村播主播共开直播超过 1 万场，累计近 100 万小时，共销售 4000 多万元农产品，相当于 2739 名农民全年收入。村播计划启动三个月，已覆盖全国 31 个省市自治区、270 个县，共开展村播近 5 万场，参与用户超过 2 亿。"村播计划"也吸引了越来越多的贫困县县长走进直播间，为自己家乡的特产代言。截至 2019 年 6 月，全国已有 50 多位贫困县县长通过淘宝直播等平台，吆喝农产品为贫困县"带货"，其中还有多位县长成为"网红"，被网友调侃为"被县长耽误的金牌销售"。安徽砀山县副县长朱明春在 4 次网络直播中卖出砀山梨膏和砀山油桃近 3 万件，销售金额高达 257 万元。

除了县长，普通农民也成为视频直播达人。湘西妹子九妹成了老家远近闻名的"直播达人"，通过淘宝直播，她带火了大山里的滞销橙子。湖南 2018 年橙子大丰收，却因为没有销售渠道而滞销，正在乡亲们犯愁时，九妹通过淘宝直播，13 天帮助乡亲们卖出了 200 万斤橙子。在此之前，她还曾用了 2 天的时间帮乡亲们卖出了 40 万元的滞销猕猴桃。

图 6-2 淘宝直播中的助农扶贫直播

将直播间搬进果园，开创农产品产业带直播模式

2018 年淘宝"双 12"期间，四川农副产品基地等全国八大产业带连续直播 12 天，带动店铺销售额环比提升超过 200%。

这次直播创新将直播间搬到了果农的果园中，淘宝主播现摘现卖，让消费者有了全新体验。活动当天，40余名主播通过设立在马蹄镇果园及电商中心的数十个直播点的联合直播，在短短一天时间内总共销售当地甜橙15 万斤。

　　数据显示，这次观看产业带直播的人群中，超过6成是店铺的新客。而很多观看产业带直播的人群在看完一场之后，也会继续关注之后的直播，从而产生了非常有趣的关联。在购买女装的顾客中有8%的人同时也会购买四川美食，并且人均花费在100元以上，麻辣鸡、烟熏腊肉这些极具四川特色的小吃，通过这场直播快速抵达了千家万户。

　　此前，在丰收节期间，淘宝直播就创新尝试了"农产品产业带直播"新模式，从横县的"茉莉花节"到响水县的"淘乡甜未来农场"，从象山的"万船出海"到呼伦贝尔的"草原风光"，超过300个县的优质农产品通过淘宝直播被推介给全国消费者。

　　淘宝直播的创新方式正在激发贫困地区脱贫活力，在淘宝直播的带动下，从草根网友到直播大V，都可以通过淘宝直播推荐热土的好货好品，带动农产品销售，帮助农民致富。（资料来源：中国日报网、环球网）

第七章

直播带货的内容生产、引流与变现

第一节　农产品带货的内容分类

简单来讲，短视频、直播营销价值内容的产生方式可以分为三种。

一、用户原创（UGC）

用户原创内容是伴随着以提倡个性化、交互性为主要特点的 Web2.0 概念而兴起的。它并不是某一种具体的业务，而是一种用户使用互联网的新方式，即由原来的以下载为主变成下载和上传并重，即用户将自己原创的内容通过互联网平台进行展示或者提供给其他用户。作为一种新的内容形式，其生产门槛基本已被抹平，早在 2014 年，优酷每月 UGC 数量就达到 300 万，微视全年 UGC 作品量则超过 8000 万，美拍上的数量也近亿。到 2016 年，美拍 UGC 总数已达 5.3 亿。

UGC 模式无须投入太大的成本，对带宽的消耗成本也比较低。当短视频成为互联网信息传播的渠道之一后，以前没有尝试过视频形式的用户（即原有的文字 / 图片创作者）自然而然会尝试新兴载体。多数平台在受众点赞、评论、互动之后能第一时间显性提醒，对创作者能力的认同、赞赏满足了创作者的社交需求、归属需求以及自我实现需求。在这一过程中，创作者身份不断得到认同和强化，用户对短视频这一形式的接受度和熟悉度也随之加深，将尝试性行为转化为习惯性行为。随着越来越多的观看者向创作者转化，短视频、直播行业的第一波引流也实现。

UGC 的重要特点是创作门槛低，大众可参与，低门槛的结果是 UGC 内容的良莠不齐及潜在的版权风险，这也给商业化带来了一定的障碍。

二、专业生产内容（PGC）

少数脱颖而出的 UGC 创作者为了保证生产的流程和整个内容供应链的稳定，逐渐向专业化方向发展。专业生产内容在生产上遵循电视节目类似的专业制作方式，在传播上则利用互联网，根据互联网特性调整后传播。对于内容型产品而言，UGC 的作用主要是促进内容生成与流通，而内容的质量和社区的氛围决定着用户的黏性，所以尽管 UGC 共享了平台 90% 以上的内容，但是从播放量来看，排名靠前的内容中 PGC 占比 90%。

PGC 的优势在于专业生产及运营。市场逐渐成熟，助力 PGC 发展。专业化必然意味着成本的提高，在短视频行业发展前期，由于资金短缺、市场空间小等，PGC 团队竞争力并没有凸显出来。随着短视频、直播市场爆发，参与者已经有了一定规模，消费者已经形成习惯，PGC 的竞争力随之凸显。2016 年 8 月，在秒拍发布的原创作者榜单中，PGC 代表者"二更""一条"分列第一位、第二位，UGC 代表者 papi 酱退至第三，证明了在短视频领域 PGC 大有可为。

与单个网红的个人发展路径不同，专业内容生产团队对视频的专业性、策划性要求更高，它了解观看者喜欢什么样的内容，在将观看用户转化为粉丝后，又可以持续地跟粉丝进行互动，持续地经营已有的有效流量。

现在，短视频内容应用的垂直化、分众化趋向显著："一条""二更"专注于生活方式短视频，"小红唇"主打美妆类草根短视频，"财新视频"聚焦高端财经从业者，

"德林社"则以每天一分钟服务于大众财经,"即刻视频"、"一人食"、"日日煮"等选择了门槛相对较低、离受众更近、更容易切入市场的美食类短视频。

短视频、直播创业者资金相对有限,垂直化生产不仅有助于积累特定用户资源,提高用户黏性,帮助信息精准抵达,同时,也有助于快速确立小平台的个性化形象。

随着供给侧的增长趋势,自制领域的勃发以及分发技术的不断成熟,垂直类短视频玩家的集体涌入是可以确定的趋势。中国首个新媒体短视频奖项"金秒奖"第一季度颁奖典礼设置了美食、旅行、知识三个垂直类型奖项,也表现了行业对于垂直内容的支持和期待。

三、未来内容生产模式:MCN

MCN(Multi-Channel Network)是舶来品,是一种多频道网络的产品形态,主要将 PGC 内容联合起来,在资本的有力支持下,为中高端内容创作者提供 IP 版权管理、招揽广告和品牌赞助、挖掘营销推广机会等各类服务,保障内容的持续输出,从而最终实现商业的稳定变现。

MCN 模式已在海外得到验证。以具有代表性的 MCN 公司 Maker Studios 为例,这家 MCN 公司制作超过 30 个项目，通过全球超过5.5万个频道面向3.8亿观众制作和发布视频，月收看量约为55亿次。同时，还成立专项基金用于支持100个创作人的原创创意研发，以进行进一步的内容孵化。2015年，被迪士尼以6.25亿美元收购。

在国内，MCN发展正当时。在短视频内容普遍由普通用户产生，逐渐过渡到PGC的同时，短视频创作组织也在不断进化，从个体转向组织化、机构化发展，从单一内容生产者转型为MCN。

目前与微博建立合作关系的MCN机构已达300多家，覆盖近4000个账号。2017年2月秒拍第一次推出MCN机构榜榜单，鼓励MCN机构的发展。秒拍的重度联合者微博已经启动MCN管理系统内测，为MCN机构提供成员管理、资源投放、商业变现、数据分析四大功能，在产品、资源和商业化等方面，持续加大对视频MCN机构的扶持力度，形成完整的视频MCN机构成长解决方案。

以上是对内容生产方式的介绍，在具体进行农产品短视频和直播内容录制时，更多的是结合自身的实际情况来操作。短视频和直播只是一种工具，特色农产品才是根本。所有农特产品短视频、直播内容都要抓住产品本身的特点，辅助拍摄地点环境元素，加上个人讲解，基本就足够了。

利用短视频和直播进行农产品的营销，一方面可以带动地方产业的发展，另一方面也可以打破农产品销售路径单一的瓶颈，让农产品摆脱过去信息传递不畅带来的滞销困境。在短视频和直播平台上发布视频的内容主要有以下几类：

1. 农业教育类

对农产品生产的全过程进行跟踪拍摄，对每个环节进行详细讲解，让消费者更深入了解，从而产生信任感，进而产生购买欲望。这种视频既包括农产品种植的过程，也包括农产品加工、包装等内容。每一个小过程都可以作为一个知识点来制作视频。

图 7-1　甘蔗生产的短视频

2. 产品科普类

这类视频的内容是向大家科普农产品知识及与之有关的生活小常识，如瓜果的挑选、保存。制作这类视频要注意的是要有稳定的内容输出，能够持续吸引消费者关注。

图 7-2　挑选西瓜的短视频

3. 美食教程类

我们可以通过短视频、直播分享各类农产品的吃法，向消费者展示如何利用这些农产品制作营养美食。因为这类视频容易带动消费者想象，刺激其产生品尝的欲望，非常容易吸粉，转化率也比较高。

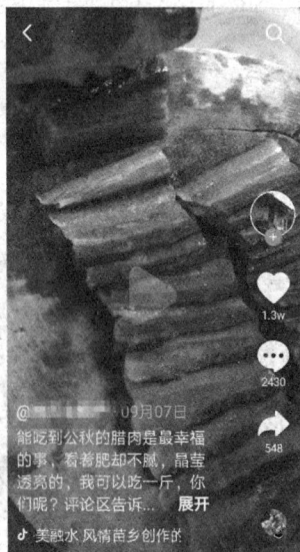

图 7-3　用农产品制作美食的短视频

在拍摄过程中，我们需要注意以下方面：

农产品视频最好在生长地拍摄，这样能给消费者一种真实的体验，让其通过短视频、直播有身临其境的感觉，让他们看到农产品真实的种植过程、生长情况以及后期加工的情况。这种参与感会增强消费者对优质农产品的了解，让他们产生强烈的购买欲望。

农产品营销不仅仅是销售农产品。从种植到生产，再到后期加工的流程，都可以成为短视频和直播的内容。比如，用短视频记录苹果的生长过程，还可以苹果上加工，如通过套袋苹果上出现"平安""福""寿"等吉祥字，都可以作为短视频内容的素材。把短视频和直播结合起来，让用户了解农产品的"前世"与"今生"。前端的生产环节，中间的加工、运输，以及后端的制作烹饪，让消费者对农产品有一个全面的了解。

内容聚焦。确定自己要推广的农产品大致的品类或者专一的某个品类。所有的视频内容和直播内容都尽量围绕主题，内容不可复杂多样，增加粉丝垂直度。

打造网红代言人。虽然在进行农产品短视频、直播营销时颜值并不是最重要的因素，但是出镜人员的形象仍然是我们要考虑的重要因素，毕竟这个人和我们的农产品是高度关联的，消费者可能因为一个人选择购买或不购买我们的农产品。要用一个有特点的人做成为农产品的代言人，个人形象起码要五官端正，衣着干净整齐，不让人反感，口齿清晰，有一定的普通话基础。如果代言人口音非常重，消费者很难理解他表达的意思，自然达不到营销效果。代言人要注意日常提升个人形象，经常互动，培养粉丝黏性。

　　讲好农产品故事。很多农产品消费者尤其是城市消费者对农村的事物非常好奇，他们可能没有真正到过农村，不知道农村的生产和生活是什么样的，对于那些城市看不到的大片农田、蔬菜大棚、大柴锅、拖拉机等，有很强的好奇心。在拍摄短视频和直播时，可以加上农村的生活故事、农产品的故事，满足广大消费者对农产品、农村的好奇，提升他们的认可度，自然而然产生购买行为。

　　打造农产品的独特形象。有的农产品不仅可以吃，还可以玩，制作各种工艺品、美食。在制作短视频和直播内容时，要充分挖掘农产品的潜力，深度开发农产品，不仅提供优质的初级农产品，也为消费者提供深加工农产品，满足不同消费者的差异化需求。

　　农产品借势营销。将农产品和其他的行业领域结合在一起，如和相关的节日、盛会绑到一起，借助这种节日的高流量宣传自己。事实上，短视频＋农产品＋节庆活动是一种非常有效的推广方式。如广东省农业厅举办的首届农产品销售网红评审及推广活动就是政府背书，助力互联网农业。

完整短视频的 10 大要素

　　1. 视频段子：要求结构紧凑，言之有物，人物正脸，情感激发，情绪唤起，身份认同，情节冲突与反转，热门梗和配乐的加成，引发争议评论。

2.封面和字幕：封面风格统一，字幕醒目略带悬疑引发好奇心。注意封面图片和文字设置，统一风格，让消费者打开主页以后有整齐划一的感觉。

3.配乐/原声：允许使用作品原声。原声标签也是一个重要的流量入口。

4.标签：热门标签是重要的流量入口。自创标签相当于封闭的流量池。官方活动也是通过标签进行。

5.视频简介文字：引发评论、点赞、互动、转发。还可以@某个特定的账号，进行账号联动。

6.同框拍摄：允许别人跟我拍同框。这是一个独有的流量入口，有转发和展现的功能。

7.地址定位：在不同的发布地点启动播放量不一样，有网红地标，能自带大量的流量。地点展现在文字简介下方，会带来身份认同和线下偶遇的情感激发。地点本身也是流量入口和流量池。

8.更新投放时间：特定的投放时间，启动播放量不一样。

9.评论区互动：评论区互动、评论点赞，可以带来二次页面打开。优质的评论也是一种有获得感的体验。

10.发布后转发转载：转发朋友圈、微信群、QQ空间、QQ群，带来基础启动播放量。可以上传贴吧，二次采集编写图文，在多个自媒体平台二次传播，能带来意想不到的传播效果。

第二节 十大吸粉引流方法

一、依托产品高品质自动吸粉

做品牌短视频、直播营销时，虽然营销手段至关重要，但也不得不承认"好产品自己会说话"。无论是何种形式的营销，都是产品为王，品质第一。好的产品、好的品质是短视频、直播营销最大的利器。

美好的事物是人人都向往和追求的，好产品也不例外，好产品往往自带吸粉属性。自带吸粉属性的好产品自然能够借助直播获得订单量倍增的营销效果。乡村短视频、直播营销想要达到这种效果，就需要用实力、用产品说话。

什么样的产品才能赢得粉丝青睐呢？

好产品自带价值属性。在产品功能等方面都能够满足消费者需求的情况下，消费者的需求是分散的、个性化的。因为消费者购买行为的产生，除了对功能的追求之外，更多的是用来向外界展示他们所具有的品位。这就充分体现出产品除了功能以外，还暗藏了一种价值属性。这种属性已经远远超越了产品功能给消费者带来的内心荣耀感。只有将产品做到极致，才能受到广大消费者的欢迎。极致产品有很强的品牌效应，在此基础上借助短视频、直播营销，必定会吸引无数消费用户的眼球。

好产品有情怀。有人说，做营销卖的不是产品，而是情怀。品牌中往往不缺乏情怀，但很多时候产品却缺乏情怀的表现方式。产品情怀是让消费群体感知的，而不是随口讲述来的。那么产品情怀是什么呢？有人去越南旅游的目的只有一个，那就是吃，想吃遍越南各种各样的小吃和菜品。到了越南后，他们参加了当地的一个美食团，跟着当地的导游，去吃在国内根本吃不到的特色佳肴。对于这些游客来讲，这些特色小吃就是有情怀的产品，它们来自异域，极致、美味、稀有，在当地也有非常好的口碑，因此吸引了很多游客慕名而来。

产品情怀就是在产品中注入的除了产品功能之外的额外的情感。这种情感可以让更多的消费者认识、认知产品。

在营销过程中，如果推广的产品能够自带情怀属性，必将产生惊人的营销效果。很多乡村的特色产品有非常丰富的情怀因素，甚至有些是独一无二的，值得好好挖掘。

好产品自带自媒体属性。很多时候，需求与品位相关联，也就和人性相关联。所以，产品就是极致性能＋强大的情感诉求。这两样东西会自己传播，产品有好口碑，自然在消费者心中具有较高的品位，自然能吸引众多粉丝疯狂追逐。在一定程度上，好产品中蕴含着自媒体属性。当产品的价值属性和情怀属性都具备的时候，其自媒体属性自然会显现出来。在产品价值属性和情怀属性基础上的产品自媒体属性，借助短视频、直播营销的方式能让产品在广大用户中建立起足够的信任，从而有效吸粉，驱动销售。如果产品本身就是明星，同样可以起到很好的吸粉作用。

二、增加曝光率

"酒香也怕巷子深"，即使你的短视频、直播内容再好，刚开始时也没有人知道，需要主动出击，吸引别人过来看，进而让他们成为你的粉丝。刚开始先让你的朋友成为你节目的粉丝，毕竟他们是你的准第一批用户。除此之外，你还要通过各种传播渠道增加曝光率。

1.朋友圈转发

我们经常会在朋友圈看到别人分享的一些链接，如帮谁家孩子投票，或者哪个朋友卖东西，我们帮他在朋友圈分享他的二维码，同样，我们也可以这样做。把自己做好的视频链接分享到我们的朋友圈，如果朋友喜欢的话可以点进去看，也可以帮你转发。

2.微信群转发

这个方法和第一个方法差不多，其实都是在利用自己现有的人脉。有的朋友很排斥把东西发到自己的微信群，因为觉得都是朋友，这样做会对自己的人际关系造成伤害。其实你也可以加一些兴趣群和行业群，每天都有朋友分享自己的节目，他们的分享除了能增加一些播放量之外，同行的朋友也会给自己的视频提出一些意见，帮助自己更好地改进。当然，在分享之前一定要和群主商量好，你可以把自己的视频分享到群里，如果你分享的内容很好，大家看了之后都想买，就可以直接找群主买了，对双方都有好处。

3.付费获取流量

很多平台有视频推荐机制，有免费推荐和付费推荐之分。一般免费推荐是在视频上传审核通过后，系统会先将视频进行兴趣分类，将视频推送给经常阅读这类视频的部分用户，而后根据该部分用户浏览后的完整播放率、点赞量、评论数、转发量进行数据分析，再根据数据决定是否继续推荐给更多人群。而付费推荐则比较简单，你支付一定的费用给平台，平台将你的视频推荐给目标人群。例如，抖音的"DOU+"助力。如果你的视频不能免费被系统推荐给更多人，那么就可以用"DOU+"功能增加推荐量，花钱把视频推送给更多人，让人们看到你的视频后关注你。

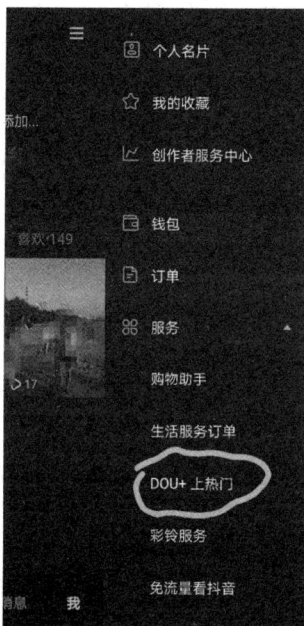

图7-4 付费推荐"DOU+上热门"

"DOU+"是50元起助力，通常100元可以获得5000个推荐播放量。"DOU+上热门"分为速推版和定向版，用"DOU+"助力前，可以设置兴趣人群，推荐给相关的目标人群观看。通过"DOU+"助力流量，不仅可以给自己的视频助力，还可以给别人的视频助力。

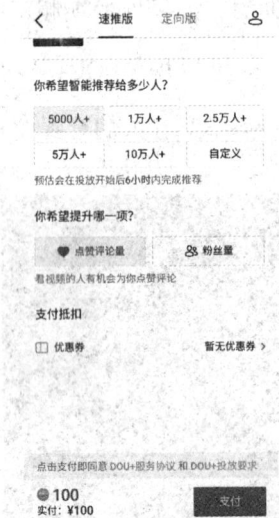

图7-5 "DOU+上热门"的定价

4. 参加比赛

参加比赛也能获得曝光率，如今日头条的"金秒奖"，报名参赛之后，你的作品会出现在"参赛作品"里，别人在浏览的时候有可能就会喜欢上你的作品，是一个很好的宣传手段。如果有幸入围甚至得奖，对自己的节目又是一个提升。

5. 多渠道分发

在你不能确定你的视频更适合什么渠道的时候，可以选择多渠道分发，不过这样做肯定比较浪费时间，如果团队人比较少，每天更新十几个渠道还是很吃力的，可以选择短视频助手进行视频发布，非常节省时间，很多大号都在使用。

6. 蹭热度、蹭热点

蹭热度指企业或个人在真实、不损害公众利益的前提下，利用具有热点价值的事件，或者有计划地策划、组织各种形式的活动，借此制造"热点"来吸引媒体和社会公众的注意，以达到提高社会知名度、塑造企业或个人良好形象并促进产品或服务销售的目的。

热点影响力的大小与我们蹭热度引来流量的多少成正比，热点的影响力越大越有蹭的价值。影响力反馈在网络平台上往往体现为话题热度，我们可以参考百度指数、微博热度及各类风云榜单。

这里要提醒大家：对热点的判断，影响力不是唯一指标，还要考虑热点是否与我们品牌及产品的调性相符，是否受到目标用户的关注，不打无目的之仗。

蹭热点最关键的就是时效性，这要求营销人员在热点出现的第一时间作出回应。

调查显示：在热点发生的 1~6 小时内，用户会对这个事件保持最大的兴趣，等到 12~24 小时，用户会失去兴趣，因为他已经接收到大量关于热点的信息。所以，为了锁住用户宝贵的注意力，我们在蹭热点的时候一定要快速行动。

合理的蹭热点确实能给你带来一定的流量，但是有利就有弊，需要注意下面几个细节问题：

（1）时政问题建议不蹭。这类题材很多人拿捏不准，盲目去跟风，也很难通过平台审核。

（2）敏感问题不蹭。比如，法律严禁的事项或者违反社会公序良俗的话题。

（3）有争议的、含混不清的不蹭。经常有这样的消息出现，在没有确定的结论之前，你尽量不要去蹭它的热度，因为万一你的观点不对，很容易对自己账号造成影响。很多封号事件就与此相关。

（4）太热的话题不建议大家去蹭，因为热的话题你能蹭，别人也能蹭，竞争太激烈，你可能并不占优势，所以尽量避开。

7. 与人合作互相引流

俗话说，单丝不成线，独木不成林。团结合作的重要性在短视频、直播领域同样适用，好的合作能得到1+1>2的效果。

合作对象可以是淘宝商家、各大直播平台、其他个人和机构等。和淘宝商家合作需要你有一定的淘宝资源。我们在淘宝买东西的时候，会收到一些卡片和赠品，卡片一般是退换货说明卡片，赠品一般就是和购买的东西相关的小配饰，如手机壳。试想一下，如果你把自己的视频二维码印在这些卡片和赠品上，免费提供给商家，商家拒绝的可能性会比较小，而顾客收到之后可能会因为好奇去扫描这些二维码，这样就为你带来了用户。

也可以与其他账号互相导流，就是我帮你转发你的内容，你帮我转发我的内容。但是找合作对象也是有技巧的，比如，尽量不找同类型的视频，因为你们的粉丝发生重叠；也不能类型相差太大，你做水果产品的，找个搞养殖的合作，这样效果可能也不太好，因为二者的粉丝兴趣点是不一样的，所以一定要注意粉丝的重合性和差异性。

8. 多参加各种活动

做活动的目的就是让更多的人知道你，最好能够钱花得少，效果还好。比如，各个平台举办的比赛、公益活动等。

9. 转发抽奖

这类活动很常见，特别是一个新号想要吸引粉丝，转发抽奖是很粗暴、简单有效的方式，毕竟没人和钱过不去，转发就是动动手指的事情，万一中奖了呢？

10. 付费推广

专业的人做专业的事，各个平台都有付费推广渠道，一些网络明星也有收费帮人推广的业务，他们的运作已经比较成熟，通过付费导流，能够第一时间将你的短视频、直播推到观众视线中。当然这种吸粉方式需要一定的资金支持，更适合企业操作。

第三节　直播带货变现形式多

一、销售产品直接变现

短视频、直播最直接的变现方式就是销售产品。一般分为两种：一是电商引流到淘宝店铺卖货（比如说抖音号开通购物车通道，个人资料里面有商品橱窗，用户可以直接从达人的抖音短视频中进入其店铺进行消费）；二是引流到微信卖货。

很多短视频、直播平台支持购物车功能，粉丝可以在收看视频的时候，直接把自己喜欢的商品放到购物车购买。一些平台如抖音是支持外部链接的，也就是说，你可以在抖音上面放上你的商品链接。用户在刷抖音的时候，会刷到一些商品，这就是利用抖音变现的手段。如果你的粉丝足够多，上推荐的概率也就比较大。抖音捧红了很多商品，现在淘宝上也有很多抖音爆款，所以如果你在抖音上直接卖抖音爆款，这样可能销售量更大。

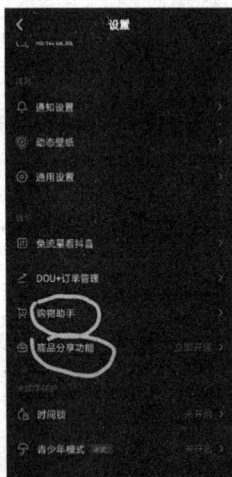

图 7-6　抖音商品分享和购物功能

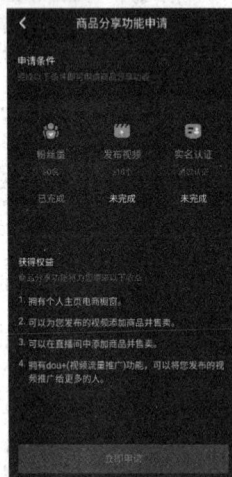

图 7-7　申请分享商品

还有很多人会把在短视频、直播平台上的人引流到微信上进行产品销售，如在签名位置隐晦地写出微信号，因为平台往往不让写联系方式，所以可以采取一些规避手段。

销售产品变现的另一种方式是给线下店铺引流，通过把粉丝吸引到线下实体店来促进销售。有很多开实体店把排队购买的热闹场面、产品生产的过程等视频放到短视频和直播平台，吸引别人观看。传播范围广了，尤其是同城传播足够广，很容易吸引消费者到实体店购买。

二、广告变现

当你的流量足够多的时候，自然而然会有人找上你，帮他们发广告，支付你一定的广告费。以抖音为例，这是抖音流量池中，不借助第三方平台变现，也是抖音官方认可和支持的变现方法，就是通过短视频或者个性签名中植入商家的软文广告，商家会给与达人一定的佣金作为报酬。官方之所以认可，是因为这种变现的方法不伤粉，且没有向其他平台引流的行为。广告主最关心的是粉丝体量和精准度。

三、知识付费变现

知识付费变现就是通过把你专业知识的一部分免费分享出去，如果有人喜欢并且想继续深入学习，他就会付费给你。比如，一些农业专家可以通过教授农民专业知识的方式收取一定的费用。

四、渠道分成

为了鼓励用户创作更多更好的视频内容，很多短视频、直播平台会出台一些鼓励政策，常见的作法就是给作者提供平台分成。平台的分成主要来自广告受益、观众打赏分成、平台补贴。

以今日头条为例，作为老牌的自媒体渠道，其收益方式主要是以下几种：平台分成、平台广告的收益、观众打赏收益、问答奖励等、千人万元计划、自营广告。

头条渠道在"新手期"阶段只有少量的头条广告收益，想要得到平台分成就一定要度过"新手期"，而其中观众打赏功能、千人万元计划则是要得到内容"原创"标签。有原创的内容可以获得"观众赞赏"功能，可从读者处获得额外收益，并且有"原创"标记的内容可获得更多广告收入。

　　有分成的平台并不是说只要你发了视频就有分成，而是需要满足一定的条件才能加入分成计划，各个平台的要求并不完全一致，需要你根据自己的优势进行选择。

第四节　农产品直播营销这样做

　　农产品营销和一般商品的市场营销方式一样，经历了几个时代。第一个时代是基于平面广告的报刊广告推广；第二个时代是基于音视频的电视、电台、电话的营销推广方式；第三个时代是基于互联网普及而进行了的网络营销，这一时期出现了电商平台，涌现出大量农村电商；第四个时代是基于移动互联网的"两微一抖"时代，也就是目前营销流量的入口微博、微信、抖音。

　　目前，在三农领域出现了大量的短视频、直播网红，他们充分利用人们对乡村美好生活的向往，对天然农产品消费的需求，快速积累了大量的粉丝，通过卖货、广告等方式实现了流量变现。比如，卖石榴走红的丽江石榴哥（抖音 663 万粉丝），以展现乡村手工艺、美好生活为主的山村小杰（抖音1872W粉丝），三农视频达人巧妹9妹（383万粉丝）。

很多短视频、直播平台采用的是智能推荐算法，对农产品营销来说具有诸多优势。

首先，制作成本低。短视频、直播营销对设备的要求门槛低，可以不用专业的场所，只需要一部智能手机，使用免费的视频剪辑软件，就能达到最低的创作要求。

其次，营销机会均等。现在，短视频、直播平台对用户视频的要求标准简单直接，只要是传播正能量的视频都可以发布，你的内容优质，有足够多的人喜欢，平台就会按照视频点赞、关注、评论、转发等指标表现，把视频推送到下一个更大的流量池，直至全网络推送。

最后，对农民来说试错成本低。短视频、直播营销不需要租用店铺门面，也不需要组建专业的供应链，减少了大量的中间环节。在进行农产品短视频、直播营销的时候，可以通过后台销售数据，采用逐步进阶投送的方式，不断修正营销策略，可以及时减少损失。并且本次营销失败不代表下次的失败，只要内容足够优质，就永远有机会。

针对短视频、直播的特点，农产品在进行营销时要注意以下要点：

1. 差异化、个性化

在短视频、直播营销的设置上，一定要有自己的独特定位，要有自己的人设，不要贪大求全，希望服务于所有用户，而是要有针对性，能够服务于垂直领域用户，更具有针对性地对用户进行营销。抖音上的播主有千千万万个，如何让人一下子就记住你，这是一件有技术含量的事情，而打造人设是增加识别度的最佳途径。农产品销售者可以综合考虑自身性格、所销售的农产品特性，以及拥有的拍摄条件来决定打造一个什么样的人设。农产品内容要有鲜明的特点，突出农产品的独特地域特征、文化特性，或者具有特有的加工、使用方法，能够用自己的独特性吸引用户，促使用户点赞转发。

2. 注重视频品质

短视频、直播发展到今天，已经度过了过去制作粗糙、内容泛滥的时代。现在的短视频、直播内容如果想要脱颖而出，就需要更加专业。从脚本的写作，到视频的拍摄，到角色的设计等，都要进行精心的设计和制作。当你能用视频打动自己，打动身边人的时候再去投放，才会拥有更多的机会进入更大的流量池。

3. 保持一定的更新频率

将粉丝吸引过来之后，如何经营粉丝也是一个问题，用专有名词来说就是用户留存。播主与粉丝的关系其实应该是一种定期约会的状态，必须保持一定的曝光率，才能够留住粉丝。否则在信息爆炸的时代，粉丝是很容易"移情别恋"的。增加曝光率同时也要合理选择视频发布的时间，一般来说，晚上下班之后是短视频、直播观看人数最多的时候，特别是晚上 8:00 以后。而晚上 10:00 以后更适合卖食品，深夜饿着肚子看视频的用户购买率会大大提升。

4. 多矩阵社群化

针对农产品的视频营销，绝对不是一个网络大 V 的一次网络直播、发布一个短视频，或者是一个精心策划的营销事件就可以高枕无忧的。农产品营销也符合马太效应，只有这个产品卖得好的时候，才会有更多的人涌入这个产品的营销当中。引爆产品的前期还有一个预热期，就需要更多的短视频用户持续地进行农产品推动，造成全流域曝光。这样铺垫后，再进行农产品引爆就更加水到渠成。

第八章

农产品品牌是销量的有力保障

第一节　农产品进入品牌化时代

目前，中国有 14 亿人口，中国的厨房餐桌正在升级换代，这里面蕴含的商机绝对是世界罕见！

粮油蔬菜水果禽蛋奶，人人需要，天天食用，反复购买，是十足的快速消费品，是孕育大品牌的天然大市场。许多人可能没有想到，金龙鱼食用油年销售额高达 400 亿元，双汇火腿肠一年销售 200 亿元，海天酱油一年销售 100 多亿元，老干妈辣酱一年销售 50 亿元，鲁花花生油从 2000 年的 1 亿元销售额上升到了目前的 300 多亿元；太太乐鸡精年销售 50 亿元，名列全球第一；德青源仅用不到 8 年的时间，产值就从 50 万元发展到 6 亿元，还在 2008 年、2013 年两次荣获全球蛋品行业最高奖"水晶鸡蛋奖"；小零食馋嘴猴豆干年销售 5 亿元。这是一个孕育奇迹的地方，还有很多奇迹即将在这里诞生。

中国没有小市场。我们每天炒菜使用的酱油，全国每年有 500 万吨的消费量，被两千多家厂家分食，平均每个企业还不到 2500 吨。其中消费者认为最好的品牌，提及率才刚刚超过 10%，就是这家企业一年销售高达 100 亿元，非常惊人。比酱油市场分散的市场比比皆是。

在这个大市场里，每一个品类都足以养活起世界级的大企业，甚至在每个区域市场里，每一个品类市场都大到可以培养出区域知名品牌，使企业从小到大，从弱到强。

处在全球最大本土市场中的中国企业，不必舍近求远。做品牌农业首先要在中国赢，在中国市场赢，就能赢得通往全球市场的第一张入场券。这是一个激动人心的巨大市场，是施展雄伟抱负的广阔天地，这里有无限的想象空间和无尽的发展空间，你只会恨自己能力不够，魄力不够，想象力不够，创造力不够。

难怪世界投资大师罗杰斯忍不住呼吁：想致富，赶紧去当农民！

未来 20 年，世界看中国，中国看农业，农业看品牌。

现在，政策利好，社会经济条件充分，消费在升级，企业在觉醒，品牌农业大发展的黄金时代到来了！

农业产业化龙头企业、传统老字号企业、原料生产型企业、出口食品企业、地方名品（地理标志、原产地保护、非物质文化遗产）企业，有远见有胆识的企业家们，马上行动起来吧！打破心理屏障，重建市场边界，引入先进的品牌营销手段。学会包装产品，让"土产"不再"土气"；学会宣传产品，让特产走得更远、走遍全国；学会整合资源，内外借力把规模做大；提升产品价值，提升品牌形象，使品牌产品卖得多，卖得快，卖得贵，卖得持久！

短视频、直播等新媒体的流行，也为农产品品牌推广提供了一条便捷、快速的渠道。

近年来，农民收入结构发生了重大变化，农业生产经营收入比重逐渐降低，农业生产资源也受到了极大挑战，农民收入增速放缓，农产品区域性、结构性和季节性过剩时有发生，普通农产品滞销或价格低迷，直接影响了农业增效、农民增收。同时市场调查发现，品牌农产品价格坚挺，市场销售火爆，已经成为农产品销售中的重要生力军。因此，大力发展品牌农业，是连通普通农业生产与高端消费市场的有效途径，是提高农产品价格、增加农民收入的重要途径。

第二节 与农产品品质相关的分类

农产品指的是来源于农业的初级产品，即在农业活动中获得的植物、动物、微生物及其产品，如高粱、花生、玉米、小麦等。

随着中国市场的消费升级，更多中高端消费者愿意为健康、安全的农产品买单。在进行短视频、直播推广时，我们可以采用与农产品生产环境、品质相关的分类来进行介绍。

一、有机农产品

有机农产品是指根据有机农业原则和有机农产品生产方式及标准生产、加工出来的，并通过有机食品认证机构认证的农产品。有机农业的原则是，在农业能量的封闭循环状态下生产，全部过程利用农业资源，而不是利用农业以外的能源（化肥、农药、生产调节剂和添加剂等）影响和改变农业的能量循环。有机农业生产方式是利用动物、植物、微生物和土壤4种生产因素的有效循环，不打破生物循环链的生产方式。有机农产品是纯天然、无污染、安全营养的食品，也可称为生态食品。

二、绿色农产品

绿色农产品是指遵循可持续发展原则、按照特定生产方式生产、经专门机构认定、许可使用绿色食品标志的无污染的农产品。可持续发展原则的要求是，生产的投入量和产出量保持平衡，既要满足当代人的需要，又要满足后代人同等发展的需要。绿色农产品在生产方式上对农业以外的能源采取适当的限制，以更多地发挥生态功能的作用。

三、无公害农产品

无公害农产品是指产地环境、生产过程和产品质量符合国家有关标准和规范的要求，经认证合格、获得认证证书并允许使用无公害农产品标志的未经加工或者初加工的食用农产品。

第三节　好产品要有好名字

朗朗上口，容易记的品牌名才是一个出色的品牌名，市场上关于农产品的品牌命名却是良莠不齐，要想农产品获得更好的发展，就得让农产品品牌命名直击消费者的心。

一、农产品品牌命名的方法

1. 写出和"农"有关的名字

带果的名字如××果园、××果品、××鲜果等，和地理环境相关的如×湖人家、山里×、××山、自然××、××村、××坡等。

2. 写出和"品质"有关的名字

可以在商标上婉转地表现出产品的品质。例如，××

优果、××鲜果、好果××、灵果×等。用这个方法给农产品商标起名是一个不错的选择。

3. 形象法

形象法就是指运用动物、植物和自然景观来为商标命名。例如，"七匹狼"服装，给人以狂放、勇猛的感受，使人联想起《与狼共舞》的经典情节；"圣象"地板，让人产生大象都难以踏坏的地板形象；还有"大红鹰""熊猫""美洲豹""牡丹""翠竹"等。运用形象法命名商标，借助动、植物的形象，可以使人产生联想与亲切的感受，提升认知速度，对于农产品品牌命名也是同样的道理。

4. 价值法

价值法就是把所追求的目标凝练成语言，来为商标命名，使消费者看到产品商标，就能感受到企业的价值观念。如"××盛大"网络发展有限公司、"××远大"企业，突出了企业志存高远的价值追求；福建"兴业银行"，就体现了"兴盛事业"的价值追求；武汉"健民"突出了为民众健康服务的企业追求；北京"同仁堂"、四川"德仁堂"，突出了"同修仁德，济世养生"的药商追求。因此，运用价值法为农产品商标起名，对消费者迅速感受企业价值观具有重要的意义。

二、农产品品牌命名的四种模式

1. 农产品品牌的产地品牌

农产品品牌的产地品牌指拥有独特的自然资源以及悠久的种养殖方式、加工工艺历史的农产品，经过区域地方政府、行业组织或者农产品龙头企业等营销主体运作，形成明显具有区域特征的农产品品牌。一般的模式是"产地＋产品类别"，如"西湖龙井""库尔勒香梨""赣南脐橙"等，该类品牌的价值就在于生产的区域地理环境，至于是这个区域哪家企业生产的，并不重要。一般这种有特色的农产品品牌都已注册了地理标志，受《商标法》的保护，是一种极为珍贵的无形资产。

2. 农产品品牌的品种品牌

这是指一个大类的农产品里的有特色的品种，既可以成为一个品牌，也可以注册商标。例如，"水东鸡心芥菜"就是一个农产品品牌的品种品牌。有的品种到现在为止还没有注册成品牌，但是也广为人知，如红富士苹果。农产品品牌的品种品牌一般的格式是"品种的特色＋品类名字"。例如，"彩椒"就是彩色的辣椒，这是外观的特色；"糖心苹果"就是很甜的苹果，这是口感的特色；"云南雪桃"是文化特色等。只要产品有特色，都可以注册成商标，也便于传播。

3. 农产品品牌的企业品牌

农产品品牌的企业品牌指以农产品企业的名字注册商标，作为农产品品牌来打造，如中粮和首农就是农产品企业品牌，打造的是农产品企业整体的品牌形象。农产品品牌的企业品牌可以用在一个产品上，也可以用在多个产品上，如"雀巢"这个企业品牌，有雀巢咖啡、雀巢奶粉、雀巢水等。对于农产品流通领域来说，还有一种渠道品牌，也属于企业品牌这一类。渠道品牌就是一个渠道的名字，如"天天有机"专卖店，里面卖的都是有机绿色食品，店里可以有几百个甚至上千个产品品牌。

4. 农产品品牌的产品品牌

农产品品牌的产品品牌指对于单一一个或者一种产品起一个名字，注册一个商标，打造一个品牌。这种模式大家日常生活中比较常见。

第五节　品牌产品与众不同

俗话说"人靠衣装，佛靠金装。"当农产品品牌完成了产品和品牌价值的策划与构建，就像一个人有内涵，有了底气。但是光有这些还不够，还要设法让产品和品牌从外在形象上表现出来，用外在形象彰显和提升内在价值，即内在品质外在化，外在形象品质化、差异化，这就是品牌和产品形象的塑造。尤其是在短视频和直播推广中，农产品的"颜值"尤其重要。

产品和品牌的外在形象要准确地反映产品的内涵，为品牌加分而不能相反。

外在形象的品质化和差异化主要有以下手段：

一、创意建立品牌识别符号

符号，因为识别性强，容易记忆和传播，是产品品牌形象最集中、最有标志性的代表。我们一看到黄色的大 M、马戏团小丑就会想到麦当劳，一看见蓝瓶就想到三精。

这种符号可能是人物，如"薯与我"的薯片超人；可能是图形，如"渔悦"的水环、"南方黑芝麻糊"爱心杯的红色心形杯盖；可能是声音、图形、味道等，如仲景香菇酱的《采蘑菇的小姑娘》音乐、南方黑芝麻经典的吆喝声；还可能是公共资源，像金龙鱼品牌金龙鱼图像等。总之，一个品牌要创建属于自己的个性识别标签。

二、选准品牌代言人，做正确的广告

请名人做品牌代言人，借名人的声望为新兴品牌快速建立知名度，建立消费者对产品品质的信赖，彰显企业实力，尤其是在农业产业中至今仍然是快捷有效的方法。品牌代言人是品牌形象的一部分，代言人的形象、品位、定位和价值取向等，直接影响着品牌形象的形成，影响消费者对他所代言品牌的好恶。

同理，广告也是一样。广告是产品和品牌信息的"传声筒"，是企业的"介绍信"，是产品销售的"敲门砖"。许多时候，消费者第一次接触的不是产品，而是广告，广告就是产品的另一张脸，是企业的一扇窗。

因此，无论是选择品牌代言人，还是拍摄发布广告，都要与产品和品牌的定位保持一致，对提升品牌形象、建立品牌美誉有利有益。

请什么人代言、做什么内容和风格的广告，一个最重要的原则是：适合的才是最好的。

诞生在"天下第一秀水"千岛湖的"淳"牌有机鱼，不仅启用了品牌代言人策略，而且还运用了虚拟卡通形象和真人相结合的"双重代言"。

2005年，设计师从千岛湖有机鱼鲜明的头部造型获得灵感，创造出了线条流畅、轮廓饱满的拟人鱼形象，命名为"淳淳"。"淳淳"身上有着清爽的蓝色，显示着充沛的活力，寓示着"淳"牌天然有机的定位，胸前挂着金牌，头上戴着高高的厨师帽，握着一只大汤匙，暗示着"淳"牌有机鱼为中国有机鱼第一品牌。

2009年，"淳"牌企业聘请中国烹饪协会副会长、中国烹饪协会名厨专业委员会主任、中国烹饪大师、中央电视台美食栏目顾问高炳义为代言人。"淳"牌有机鱼能够得到国家顶级烹饪大师的推荐，无疑是对"淳"牌企业实力和"淳"产品质量的信任（包括鱼味馆的烹饪水准）。高炳义大师的权威性、公信力与影响力，对"淳"牌产品和品牌实现了再度提升，使其品牌含金量倍增，充分昭示了"淳"牌在业内的领先地位。

中国出口虾的龙头企业国联水产，转战国内市场后如何快速组建团队、创立品牌、建立销售渠道和终端市场的知名度？国联水产聘请周华健担纲品牌形象大使，这是国联水产的最佳选择。周华健健康、稳重的形象，较高的知名度与国联水产在虾产品上定位和形象珠联璧合，浑然天成。事实证明，由于周华健的加盟，对树立国联产品高品质国际化的品牌形象，以及招商建网起到了有力的推动作用。

三、好包装彰显价值和差异

好包装自己会说话！好包装让人一见倾心！好包装自己会卖货！

目前许多农产品有的"裸奔"，有的包装简陋土气。很多非常有特色的产品只用塑料袋或者瓦楞纸箱包一下，或用塑料编织袋包装，几十千克一件，非常不用心，完全体现不出产品和品牌的价值、差异和内涵，无法吸引目标消费群的眼球。这实际上是对品牌形象的不负责，是对产品销售的不负责。

"人凭一张嘴，货卖一张皮"，千年古语可能有些极端，但是，其中的道理我们必须深刻领悟。包装，绝不仅仅是保护产品不受损失的一个美丽"外衣"，它承载着重要的营销责任。它是差异化的载体，因为许多优质农产品没有明显的外观特征，那么，包装就成为产品与消费者面对面沟通交流的第一媒介，它是决定交易能否成功的"临门一脚"。

消费者是感性的，越是新产品新品牌，消费者越是凭借外在的和主观的第一印象做判断。精美地、恰当地反映产品内在价值的包装能够打破传统农产品价格低廉的印象，使农产品具有更高的附加值，更具竞争力。因此，包装绝对不是包装本身的问题，农产品企业必须从品牌定位与营销传播的高度，制订包装策略，指导设计方案。

众多农业产业化企业打造品牌，实现价值增值，积累了大批成功案例，下面我们从品牌营销实践中总结出用包装提升农产品品牌与销量的四大趋势。

趋势一：包装功效媒体化——说到，更让人看到。

包装是一种重要的终端传播媒体，而且是免费媒体，经过精心设计、匹配功效化的文字与图像，兼具"观赏性"和"促销功用"。"观赏性"解决吸引力的问题，引起消费者的好奇心和阅读欲，"促销功用"解决产品说服力问题，促使消费者产生购买冲动，这是"包装功效媒体化"的真正意义所在。

趋势二：包装国际背景化——紧跟潮流，与时俱进。

在农业食品领域，消费者更青睐"洋"味包装，给人以高档、安全、可信赖的感觉。"包装国际背景化"要求包装从内容到形式追求国外包装的调性及设计手法，字体和图案简约大方，材质用料绿色环保。

"克拉古斯"是"中华老字号"，在沈阳及周边的东北市场可谓大名鼎鼎。这家企业有着深厚的俄罗斯渊源，"克拉古斯"在俄语中就是"大香肠"的意思，品牌标识以创始人克拉古斯兄弟肖像为视觉主体，采用插画式表现手法，增加了生动性，再现俄式背景及食品属性。标准字体则采用汉字哥特体的形式，使其看上去更加庄重、硬朗。包装风格采用风格画大师蒙德里安的板块分割的表现手法，在一个块面空间里体现相对多的内容，手绘老街景既强调出品牌俄式背景，又体现老沈阳品类个性。用历史销售今天，用底蕴夯实台面，最终传递出本产品是"源自俄罗斯的美味传奇"这一不可替代的品牌基因。

洋为中用，不生硬，不照搬，把东西方文化融为一体是关键。先学习，后创新，只有这样才能设计出具有中国特色的国际化包装精品。

趋势三：包装整合系列化——共性与个性协调统一。

包装的系列化设计，是指一个企业对自己同一种类不同品种的产品，采用统一而又有变化的包装设计。

系列化的包装在布局结构上具有统一性，然后根据不同产品的特性，在特定的同一位置进行色相、纯度、明度的变化。和谐中有差异，统一中有变化，使包装在传播信息中做到了整合一致。

宛西仲景香菇酱六大系列产品在终端货架一字排开，既强调了产品的家族化，也兼顾了不同口味的个性化。产品家族均以白色为主色调，使其完成共性的使命，每个包装上印不同的色圆来区分口味，强调个性。麻辣的红色、原味的绿色等。

趋势四：包装复古经典化——新传统，新古典。

把传统文化元素融入现代包装设计当中，是包装设计的趋势之一。

将怀古的文化元素与现代人对生活的需求相结合，透过现代工艺、材质、设计手法，再现出传统的历史痕迹与浑厚的文化底蕴，使包装产生既传统又现代的双重审美效果。不是简单的复古，更不是仿古，而是以古典的意去彰显现代的形，这样的包装才不会落入俗套。

吴裕泰，百年老字号茶庄，北京最具影响力的茶庄品牌之一。其礼品包装设计时，突破传统，将新传统概念融入包装当中。挥洒即兴的泼墨荷塘是视觉的主题，遒劲有力的书法是信息的传达，配以中国传统建筑月亮门，通过剪纸镂空工艺，使包装表达传统文化的同时彰显时代的质感。

包装不仅是保护和携带产品的"容器"，还必须拥有品牌识别功能、形象提升功能、卖点诉求功能、价值增值功能，这是市场竞争中的一大重要手段，如果放弃不用，实在可惜。

第九章

直播带货爆款农产品的打造策略

第一节　直播带货农产品的三大消费点

老百姓购买水果、蔬菜、米面、肉蛋奶等农产品，最关心的三点就是：安全、新鲜、"土气"。

一、安全是农产品消费的第一关注点

农产品的消费心理，在 20 世纪 70、80 年代是"吃得饱"，到 20 世纪 90 年代是"吃得好"，到现在是吃得安全。安全是老百姓现在购买农产品时首要关注的问题，因为病从口入。

基于我国农产品质量安全状况，国家有关部门大力推进食品安全"三品"的认证，也就是无公害农产品、绿色食品和有机农产品。

目前全国无公害农产品、绿色食品、有机农产品和地理标志农产品（简称"三品一标"）的总数达 12.1 万个，跟踪抽检合格率达到 98% 以上。国务院办公厅印发的《国民营养计划（2017—2030 年）》（下称"计划"）提出，要将"三品一标"在同类农产品中总体占比提高至 80% 以上，要全方位布局国家营养发展未来，加大力度推进营养型优质食用农产品生产，提升优质农产品的营养水平。一大批优质安全的农产品摆上了超市货架和百姓餐桌，更好地适应了城乡居民多元化、个性化的消费需求。

农业巨头纷纷打"安全"牌。中粮集团给老百姓传达的是"产业链、好产品，安全品质、好生活"的健康理念。无独有偶，北京首都农业集团的广告语是"安心之选，首农集团"。无论是中粮的"安全品质"，还是首农的"安心之选"，关注的都是农产品安全问题。

直播带货过程中，要严把质量关，确保消费者能够买到安全优质的农产品。同时，可以从安全的角度提炼差异点，在直播过程中打"安全"牌，以严格的安全管理为卖点，将自己的产品与其他产品进行区别，形成产品的"防火墙"，建立竞争优势。

二、新鲜是农产品，特别是鲜活农产品的基础

第一，新鲜是农产品营养价值的保证。

水果、蔬菜在采摘后，仍然是一个活体，是具有生命力的碳水化合物，具有易腐败、不易保存的特点，如不及时消费，一段时间后，就会腐败、变质，失去原有的营养价值。

第二，新鲜是农产品外观价值的直接表现。

老百姓买菜，无法从蔬菜的营养品质、卫生品质去判断，最直观的方式是外观，觉得水灵的蔬菜水果就是新鲜的，显得红润的肉就是新鲜的。因此，新鲜的程度直接决定老百姓是否购买。

第三，温度是农产品保鲜最重要的条件。

温度越适宜，产品的营养消耗越少，微生物繁殖越慢，保持新鲜品质的时间也越长。同时，温度变化越小，保鲜效果越好。所以保鲜贮藏要求一个相对稳定的低温条件，大多数农产品最适保鲜温度是0℃左右。

不论是从营养还是安全的角度看，新鲜农产品对消费者的吸引力都是巨大的。在直播带货过程中，产品的新鲜度也是消费者关注的重点，可以在直播过程中进行重点强调，打消消费者的顾虑。

三、"土气"让带货农产品更接地气

如果说一个东西土里土气，似乎给人的印象不怎么好，但许多农产品却因为"土气"而大受欢迎，因为老百姓在心中很自然地把"土"和"原始""生态""天然"等现代生活消费的时尚元素联系起来。

在人们的固有观念里，在千百年传承的饮食文化的影响下，"土气"的农产品才是高品质的农产品，这种消费观念不是一朝一夕能改变的，也不是一个产品广告能改变的。只有生产出符合消费观念的农产品，才能占据消费者的心智，才能既卖得好又卖得贵。

我国名优特产品多，都可以注册原产地地理标志，从而保护区域性名优特产品。我国地形复杂，气候多样，不同区域独特的地质地貌和气候差异决定了不同地区农产品的品质特征。"橘生淮南则为橘，生于淮北则为枳"，说的就是同一品种，因为气温、气候、光照、土壤等方面存在差异，从而长出不同的果子。特别是区域特色农产品，靠的就是原产地，才独显价值。我们喜欢吃赣南的脐橙、新疆的苹果、五常的大米、焦作的铁棍山药等，就是这个道理。

千百年来，农产品的生产依附于"农"，只有以"农"的生产方式生产出来的农产品，才是真正符合农产品本来属性的产品。因此，"土气"才是农产品的本质。人们对于农产品的地域、生产手段等都有一些根深蒂固的印象，这就要求我们在直播带货时，选择自己地域内有影响力、知名度的农产品，介绍时要突出农产品生产的特别方式，如人工除草、传统压轧、手工编织等。这些看似"土气"的介绍，给人的感觉却是很踏实的。

第二节 对农产品进行深度商品化

农产品的商品化，是指对农产品进行的一系列维持和提高品质，实现产品增值，发挥最大使用价值的过程。

农产品的商品化处理，包括对农产品的采收、清洗、分级、加工、储藏等过程。农产品的商品化处理既有利于避免腐烂，减少浪费，又可保持农产品的品质。本节主要谈的是两种更深层次、商品化价值更高的方法。

一、深度分级，把单个农产品"分开卖"

单个农产品也可以分开卖。一般的产品分级是按形状、大小等分类，例如，水果按大小、外形等分级，牛、羊按部位不同价格分级等。但很少有人会想到，苹果像牛羊一样切开卖，苹果皮、外层肉、内层肉分开卖。更进一步，能否把苹果作为原料，粗加工成苹果食品，例如，苹果皮干、苹果肉干等。这主要看农产品是否会由于部位的不同而有不同的价值。

哪些农产品能分开卖？从技术的层面来讲，所有的农产品都可以分开卖，因为不同的部位都有不同的品质，从而产生不同的价值。但是，在实际操作中，注意两点：一是，分开的级别越少，价值越低，例如，前面讲的苹果，外层肉和内层肉各方面品质都差不多，把内外层肉剥开卖价值就不大；二是，分开卖的各层都要有比较成熟的消费习惯，或者有特定的销售对象，这样才能让分开卖的总价值比单个整卖的总价值高。

二、菜谱化，让农产品组合起来卖

农产品是用来吃的，这个大家都知道，可是具体怎么吃呢？"都吃了几千年了，还不会做菜吃呀"，也许很多人会这么回答。其实，对于每一个购买农产品的人来说，即使是饭店里的大厨，也并不一定知道一种农产品可以有N种吃法，我们只是以我们习惯的方法去吃。

对于大众常见的农产品，采用食谱营销，最主要的就是要丰富这种农产品的吃法，从日常饮食的方方面面去影响消费者，一方面增加了这种农产品的消费量，另一方面形成全新的饮食习惯和饮食文化。对于新奇特的农产品，由于消费者对这些农产品还不了解，因而必须备有印上产品品名、营养价值、烹饪方法等资料的卡片或其他宣传材料，如有企业生产从墨西哥引进的食用仙人掌，风味独特且具保健作用，但许多人并不知道吃法，假若准备一本菜谱，肯定对销售能起到很大的促进作用。

那么，直播带货农产品怎么做食谱营销呢？

无论是大众常见的农产品，还是新奇特农产品，食谱营销对于农产品的品牌塑造都至关重要。农产品品牌做食谱营销可以有三类方法：细分法、全面法、特色法。

第一，细分法。

细分法指的是一种农产品针对不同的细分人群，每周、每天或者每餐吃的数量不一样。例如肉类食谱营销，对于肥胖人士，一周吃两次，每次吃三两，周三以及周六吃；而对于高中学生，每天得吃一次，中午吃，每次吃半斤。再例如红枣，针对贫血女士，早、中、晚各三两；针对青少年时期的女孩，早、中晚各二两；针对男士，早晚各二两等。这样的食谱从健康的角度出发，告诉消费者怎么吃农产品，同时也就间接地宣传了农产品的健康形象，也促进了消费量。

第二，全面法。

全面法指的是以一种农产品为主要加工材料，研发出系统的食谱体系，关联到日常饮食的方方面面，从餐桌食物到休闲食物，从早餐到晚餐，从主食到副食，全面涵盖。

第三，特色法。

特色法指的是用一种农产品做出有特色的食谱来，从而引起消费者的购买兴趣，或者引起酒店餐饮渠道的兴趣，从而大力推荐这道特色菜。新奇特的农产品从食材角度就有特色，当然更容易做出特色的食谱，然而普通的农产品也可以通过创意，做出有特色的食谱来，例如生吃的牛肉，这就是一个很有特色的食用方法，餐厅通过这样的特色卖点，就能多卖这种牛肉做的菜。例如水东鸡心芥菜，凉拌吃起来又脆又爽又甜，在高级酒店一盘菜一个月能卖50万元。

第三节　农产品变礼品

一、农产品也能成为"时尚礼品"

近年来，散养柴鸡、绿壳鸡蛋、有机大米、彩色甘薯、有机蔬菜等特色农产品越来越多地占据着超市的柜台，甚至被当作时尚礼品存放于城市的中产阶级和高收入者的阳台或厨房；许多农民也乐得合不上嘴，因为种养多少年的农作物或家禽，不知道怎么回事，价格一个劲地往上涨，不仅收入成倍地翻，就是拿出去送礼也倍儿有面子，过去一向对自己爱理不理的富亲戚见了这些东西都会露出灿烂的笑容。

据有关部门预测，目前，我国礼品市场有超过8000亿元的市场空间，并且正以每年20%的速度保持增长。

农产品作为礼品市场的新宠，正在悄悄地扩大着市场份额，分享着礼品市场的这块大蛋糕。

二、农产品完全具备礼品的特点

礼品，顾名思义，即送礼的物品。在现代人际交往中，礼物是人们往来的有效媒介之一，它像桥梁和纽带一样直接明显地传递着情感和信息，深沉地寄托着人们的情意，无言地表达着人与人之间的真诚关爱，久远地记载着人间的温暖。尤其在 21 世纪的今天，礼品越来越成为现代人际关系的重要媒介之一。

礼品作为特殊的产品，其产品特点与普通产品不同。营销大师菲利普·科特勒在《营销管理》中把产品分为 5 个层次，每个层次都增加了顾客更多的价值，它们构成顾客价值层级。它们依次为：

核心利益层：顾客真正购买的服务或需求。

基础产品层：产品的基本形式。

期望产品层：购买者购买产品时希望得到的属性。

附加产品层：增加的服务和利益。

潜在产品层：将来可能会实现或转换的利益。

作为礼品的产品，其使用者和购买者是割裂的，购买的需求和使用的需求是不对等的，购买者的需求不是产品的本身属性，而是赠送产品后得到的精神上的满足，而这种满足源于礼品接受者得到礼品后的反馈。因而在一般情况下，礼品的核心产品是无形而多样的，因购买者和接受者的不同而不同，包装特色、品牌质量、款式，甚至品牌精神或灵魂等都可以作为礼品的特点；礼品在基础产品的表现形式上也不是唯一的，可以表现为多种形态，构架在同一种利益基础上的产品形式也是繁复多样，形态各异；顾客购买礼品的真正需求往往在附加产品层或潜在产品层等延伸产品所带来的利益上，产品提供的不仅是使顾客满意，更重要的是令顾客愉悦，顾客购买的不仅是礼品本身，更是礼品赋予的某种意义。

根据以上礼品的特点，我们可以发现农产品完全具备礼品的特点：

第一，农产品的生产与普通商品一样具有价值和使用价值，作为礼品的农产品更是具有其独特的属性。农产品具有其他商品不具有的天然性，自然环境是它与其他工业商品最大的区别。在人们提倡回归自然的时候，农产品作为礼品有其特有的优势。

第二，特色农产品种植要求高，技术含量高，投入成本高，投资风险也较高，所以价格普遍偏高，具备中高档礼品的条件，可开发空间较大。

第三，农产品作为礼品大多数人都可以接受，它更多地使人想到日用消费品，更多地传达的是乡情和亲情。

第四，农产品作为食品类礼品，老少皆宜，价格适中，性价比高，送礼者容易承受，受礼者乐意接受；加之其种类繁多，选择空间范围大，只要送礼者酌情考虑收礼者的需求，都能找到契合点，满足双方的需求。

第五，农产品作为礼品受季节影响具有两面性。受季节影响大的表现为时令性，即时的农产品作为礼品更有价值和意义；深加工过的农产品或者干货不受时令的限制，随时可以相送，且能保持一定的消费时间。正所谓"新旧各不同，干湿两相宜"。

礼尚往来是为人处事、融入社会的社交形式，以一份浸透了感激与关怀的礼物向亲友、向尊长、向客户表达自己的情谊，对于个人和企业来说都是习以为常的事。从某种程度上说，礼品只是一种符号，随着社会生活内容的变化和扩展，那些实惠又体面的礼品，被赋予了追求个性化和时尚化的要求以及内涵，礼品经济的外延在不断扩大。随着时代的进步，经济的发展，人们对礼品的需求越来越多，礼品业是一个蓬勃发展、潜力无限的行业。农产品利用自身优势拓展礼品市场，可以说是"风景这边独好"！

三、农产品走俏礼品市场的要领

并不是所有的农产品都可以成为礼品，换言之，只有具备如下条件的农产品才有可能成为礼品。

1. 农产品作为礼品，必须要有品牌，至少是区域名牌

现代社会，品牌对于产品是非常重要的，尤其对于农产品礼品而言。实践证明，优质农产品的品牌经营较一般无牌销售具有更高的售价和更大的销量，在礼品行业更是如此。在市场竞争日趋激烈的今天，离开形象良好的品牌，即使是优质农产品也难以顺利实现其价值。一位学者说过："未来的市场营销是品牌互争长短的竞争，拥有市场的唯一办法就是拥有占市场主导地位的品牌"。人们选择礼品要表达自己的一种感情和关系，而且要反映人们地位的被尊重程度，最原始的农产品已经远远不能满足人们的需要，而优质强势品牌刚好能满足人们的这个需要。打造强势品牌、提升品牌价值是发展农产品礼品的长远之道。脑白金的广告词"收礼只收脑白金"，让其品牌在人们心中印象深刻，农产品在做广告宣传时可以借鉴其经验，使农产品礼品的形象在人们的脑子里留下印象，这样在人们选购礼品时才能有机会被选中。

2. 包装是农产品成为礼品极其重要的环节

中国是一个礼仪之邦，国人更讲究人的形象魅力，包装既是商品的脸面，也代表着购礼者和受礼者的脸面，包装此时确实真正成了"仪式性"的媒介而存在。农产品作为礼品更要注重包装。通过精选产品并改变传统包装的规格、尺寸、原材料、造型、色彩、宣传形式和内容等方法对产品进行塑造和传播。如牛奶论箱卖，苹果论个卖，纸箱变柳编、竹编、草编等。实施这一策略的关键在于对消费心理的把握，对整体市场的包装要深入地比较研究，要能以新奇、别致、有趣、绿色制胜。

3. 地区特色和文化内涵是农产品成为礼品的必要条件

农产品作为礼品要突出产品特色。有些地区因为独特的气候、植被、水土等原因使得当地一些农作物具有独有的味道、营养成分或者其他特色，把这种独特的东西包装后便成为其核心的卖点，如信阳毛尖、新郑大枣、山西陈醋。有些旅游者之所以到一个地方后要带一些地方特色产品给亲朋好友送去，并不是因为在其他地区没有或是买不到，而是这些产品具有当地的特别之处。打出文化牌，将历史上的传说或故事等赋予到产品中，增加产品的独特内涵和文化价值，使消费者在消费该产品时产生特殊的好感或者积极的联想，并乐于传播该产品的特点，如老婆饼、东坡肘子等。

4. 创新经营是农产品站稳礼品市场的充分条件

品牌依靠优质，优质来源于技术。现代技术的快速发展加快了品种优化过程。将技术及时地运用到产品上，就能转化为生产力，创造出财富。对农产品的食用功能和食用价值进行深度开发，在包装上进行深度设计；同时，在产品理念上进行挖掘，在品牌上进行合理推广，农产品照样能成为送礼佳品。国内某厂家对家禽进行深加工，推出"全鹅宴礼品装"，包括鹅肝酱、即食全鹅、鹅肥肝、鹅肝油、鹅血糕、鹅肉、鹅肝糕、鹅掌等熟食制品。虽然价格不菲，但产品一经推出就大受欢迎。运用之妙存乎一心。只要方法得当，不断创新，农产品也可以化"腐朽"为"神奇"，成为礼品市场的新宠。

5. 把握节日机会，推动农产品的礼品化

在这个礼品市场中，首先还是应以中国的传统节日为主，利用中国消费者强烈的亲情、友情观念来进行市场开发和销售，将农产品与节日送礼相联系，增强以节日概念为主的事件营销及感情营销，以增大农产品在节日市场上的销售业绩及利润额，但也不可使产品的节日味过于浓重，否则在节日之外便失去了整个市场。如不少精明的现

代蔬菜种植农户瞅准了节前的礼品市场，把青翠欲滴的鲜嫩蔬菜精心包装后推向市场，直播带货选择这种产品能吸引较多的人气。

第四节 特色农产品的"大众化消费"道路

一、为何大多数特色农产品都面临着"小众"消费的问题

特色农产品，关键在于一个"特"字，因为特别，所以一般情况下，消费群体也特别。不过，大多数特色农产品都处于"小众"的消费情况。原因如下：

第一，消费时机上的小众，只是礼品或者节日消费，例如土特产大多是买来作为礼品送人。

第二，消费人群有限，例如功能特色化，一种功能只能满足一部分人的需要。

第三，购买季节的小众，消费者只能在出产的当季购买，过了季节就没了。

第四，消费次数的小众，例如品种特色的农产品，大

多人是为了尝鲜。

二、特色农产品怎样才能走向"大众"

特色农产品大多是高品质的农产品，至少与普通农产品相比，更具特色，也具备大众消费的高品质和价格。所以说，特色农产品无论从品质还是价格，都可以从"小众"走向"大众"，成为消费者日常购买的消费品。

特色农产品从"小众"走向"大众"的方法，根据其特色的不同，以及企业资源和能力不同，主要有三种：特色农产品开发大众品类产品、特色农产品走大众消费渠道、特色农产品即食化。

1.用特色农产品开发出更多大众的品类产品

这是几乎所有特色农产品企业都能做的一件事。金银花可以做成饮料、水果可以做果汁、蔬菜可以做成果蔬片等。一个大众的消费品，自然就拥有大众的消费群体。

需要注意的是，大众消费品领域的竞争不仅仅是产品的竞争，也是企业营销综合实力的体现，产品力、渠道力、品牌力、促销力缺一不可，所以，在自己的小区域内，用特色农产品开发大众品类产品，成功的可能性比较大。原因如下：

第一，本区域的消费者比较了解本地区企业的产品特色，有基本的消费基础。

第二，一般一家企业在当地都有丰富的商业资源，不管是渠道资源还是经销商资源都是现成的。

第三，在本区域，企业更容易吸引到合适的营销人才。

特色农产品企业开发大众品类消费品，先在自己的区域做好，再逐步扩张，这是一条稳健发展之路。

2. 特色农产品走大众消费渠道

通过走大众消费渠道，促进大众消费者购买。因为有特色，所以很容易吸引大众消费者的首次购买，如何让大众消费者持续购买，这是新的问题。大众消费者首次购买后，发现产品还不错，就可能持续购买。例如，可通过促销、开发更适合消费者需要的食用方法等方式促使消费者持续购买。

3. 特色农产品即食化

喜欢吃菠萝的人，可能都会有这样的经历，每次走过削菠萝的摊位，总会买一块但很少买整个带回家，因为菠萝味道虽好但削起来太麻烦。很多农产品食用不便，限制了农产品的消费，特色农产品即食化，无疑是从"小众"走向"大众"的又一重要方法。

特色农产品即食化，不仅让消费者食用方便，节约消费者的时间，也增加了消费者消费的可能性，真正从"小众"走向"大众"。

第十章

电商中的直播带货与行为规范

第一节 电商直播的意义

一、什么是电商直播

电商直播这个概念其实很好理解，简单来说，以电子交易为目的的直播都可以称为电商直播，比较典型的代表就是淘宝、天猫、京东上面的商品主图视频、直播版块，这些都算电商直播。而且现在不管是淘宝还是京东，都非常注重平台内容的短视频化、直播化，为了鼓励商家用短视频内容替代传统的图片和图文内容，已经制定了明确的流量加权政策。

为什么电商平台会这么重视直播呢？电商就是一个商场，不仅售卖各种品类的商品，还要提供餐厅、甜品、电影、电玩等服务，通过这些娱乐消费可以增加消费者的停留时间，平衡每个楼层的客流量。电商商家或者是直播从业者要做的就是提供这样的附加服务，留住客户，让他多停留，进而产生购买。

根据阿里巴巴的数据显示，淘宝的直播规模已经达到千亿，用户规模爆发式增长，行业红利仍将持续。2019年，超过100万主播加入了淘宝直播，其中177位主播年度GMV（成交额）破亿；超4000万商品参与直播，商家同比增长268%。淘宝直播作为淘宝独立的电商App，近一年内用户规模呈现爆发式增长态势，2020年3月淘宝直播App活跃用户高达375.6万人，同比增长率高达470%，直播电商行业红利仍将持续。巨大的交易额显示了电商直播的巨大影响力，也显示出直播带货背后所蕴含的潜在消费力。对于不断向下沉市场渗透的各大电商品台而言，直播无疑是一块"必争之地"。

2019年8月后，电商直播迎来了一些新玩家，市场格局快速变化。8月1日，网易考拉宣布正式上线直播，初期将以美妆、母婴等平台核心品类为主，通过美妆达人和辣妈关键意见领袖直播进行知识类导购。8月，微博推出电商服务平台，于8月初开放申请入口，同时微博电商直播将与淘宝实现打通。8月6日，苏宁易购宣布正式打通快手小店，消费者在观看直播的过程中，可通过快手小店跳转至苏宁易购完成购物。电商直播的这种热火朝天并非一朝一夕，2016年开始，淘宝、蘑菇街、苏宁、京东相继试水直播，时至今日，直播业务几乎成为电商平台的标配。

消费者在互联网上越来越趋于边玩边买，如小红书和抖音。在抖音上，不管是主动添加的边看边买商品，还是潮流带动的某一类产品的消费，效果都让人眼前一亮。

电商平台重视直播的内容都有一样的目的，希望给平台用户营造一个边玩边卖的氛围，吸引用户进来，并且尽可能延长用户的停留时间，提高用户的黏性和成交率。而相对图片、图文内容，短视频、直播可以承载更多娱乐化的元素，具有更加丰富的表现力，并且恰好可以迎合当下用户碎片化的需求。

目前来看，电商直播有两个主要的用途：一是用于商品展示，二是用于内容引流。用于展示的电商视频一般只出现于电商平台，主要发布在商品主图和详情页位置。用于引流的电商视频适合发行的渠道就比较多了，如电商平台的发现板块、内容资讯渠道、垂直类渠道、短视频渠道等。

二、电商直播的分类与特点

从整体上看，电商直播可以分为4种类型，分别是产品展示类、场景测试类、广告类、文化知识类，主要有 2 种表现形式，分别是实拍类和动画类。而且每种类型的电商直播适合的品类也不完全相同。

1. 产品介绍类

产品展示类电商直播比较常见，成本较低，制作起来也更加简单，内容以展示产品的外观、功能为主，比较适合家用电器、3C 数码、服饰、小商品等品类。

产品展示类电商点视频又可以分为两种：

（1）外观展示类：适用于外观设计突出，操作属性较少的商品，如花瓶、装饰品等。

（2）功能展示类：适用于实用性、操作性比较强，功能相对较多或比较隐蔽的商品，如家电。

2. 场景测评类

场景类电商直播通过结合商品展示与场景模拟，可以增加消费者购买前使用的预想场景，增强消费者的购买决策点。测评可以通过试用、试吃、测试、对比评估等方法对产品进行第一视角的体验化展示，更加真实。

场景测试类电商直播比较适合食品、美妆、服装、日用百货等品类；内容主要是产品的对比测评与使用场景的模拟。与产品展示类电商直播相比，场景测试类的脚本相对复杂一些，不仅要模拟使用场景，还要充分、客观地表达出产品的优点。这类电商视频不仅适合电商渠道，还有很多创作团队通过此类视频进行电商变现。

3.广告类

广告类电商视频主要指出现在电视、各大视频网站的贴片广告，在电商渠道出现的概率比较低，主要展示在产品的详情页，一般是大厂商在新品发布时进行市场推广使用的视频。

4.文化知识类

知识类电商直播是以商品或产业背后的知识为切入点，表现形式多为播讲和动画。比如，一款牙刷，我们要介绍产品的特点和优势，直接拍牙刷没有什么特色，也突出不了功能，这时候用知识类电商直播就最合适不过了。

知识类电商直播比广告类电商直播更加接地气。知识类电商直播视频的制作门槛和成本都相对较低，而且对产品品类的包容性更大，因为每个产品背后都是一个行业，每个垂直行业里都会有很多让人感兴趣的、与生活息息相关的小知识。

农产品直播带货一本通

图 10-1　京东直播

第二节 开通淘宝直播的流程

开通淘宝直播的申请渠道有多种，包括：

路径一：手淘搜索"直播入驻"或者"淘宝直播入驻"。

路径二：手机淘宝—淘宝直播—最后一帧 banner 图点击进入。

路径三：下载"淘宝主播"APP，登录账号即可申请。

要获得淘宝直播权限，达人、商家要符合一定的要求。

1. 达人获得权限的要求

第一，必须要有一个绑定了支付宝实名认证的淘宝账号。

第二，淘宝账号已在阿里创作者平台注册成为达人。

第三，账号未开店；已开店的账号希望申请成为达人主播，必须先释放店铺；若不释放店铺，需要走商家直播权限开通流程。

2. 商家获得权限的要求

第一，淘宝网卖家或天猫商家，且店铺状态正常。

第二，店铺 / 主播具有一定综合竞争力，具有一定的微淘粉丝量、客户运营能力和主播素质。

第三，淘宝商家须符合《淘宝网营销活动规范》，天猫商家须符合《天猫营销活动规则》。

对商家准入有特殊要求的，依据另行制定的准入要求执行。

下面以"淘宝主播"APP 路径为例，介绍如何一下如何开通淘宝直播。

步骤一：下载"淘宝主播 APP"，登录需开通直播的淘宝账号。

图 10-2　在应用市场下载 App

　　步骤二：点击"淘宝主播"APP 首页中的"主播入驻"或"立即入驻，即可开启直播"按钮。

图 10-3　在"淘宝主播"中入驻

　　步骤三：按提示完成实人认证。

图 10-4　实人认证

步骤四：审核通过后，勾选协议，点击完成，即可开通！

淘宝直播主播着装规范

一、直播间里不能穿什么？

1.严禁低俗着装，包括但不限于：

（1）女性胸部、大腿、背部裸露过多，镜头长时间或聚焦展示胸部等敏感部位。

（2）穿着诱惑性制服、透视装、大面积露脐装、浅色紧身打底裤等不雅服饰。

（3）男性赤裸上身直播。

（4）衣衫不整、走光，或故意裸露内衣裤、内衣肩带，或裹浴巾直播。

（5）未成年人（包括儿童）下身仅穿着三角内裤或裸露。

（6）展示或背景中出现计生物品或其他带有性暗示、性挑逗、性诱惑、性交易等意味的物品。

（7）在身体各部位画低俗图像、写低俗色情文字，裸露文身等。

（8）文胸、内裤、丝袜等内衣类商品不得真人试穿。

（9）其他不雅着装。

直播封面图也是不允许出现低俗着装的，特别提醒销售内衣品类的主播，封面图展示要求如下：

（1）封面图中，文胸允许真人试穿，但需满足如下条件：

①模特要求露出脸和腰部位置，不得出现胸部特写。

②模特表情正常，不得出现添舌、抛媚眼等低俗表情。

③模特不得展示带有性暗示、性挑逗和引起他人类似感受的动作和姿势（如：舔舐、吮吸、香蕉、脱衣等）。

④不得在浴缸、浴室、夜店等带挑逗性质的场景拍摄。

⑤不得通过钢管、椅子等道具，营造性暗示、性交互类场景。

⑥不得真人试穿透明、半透明、偏情趣的文胸内衣。

（2）封面图中，丝袜允许真人试穿，但需满足如下条件：

①丝袜要穿到膝盖以上三分之一处，不得露出大腿根部、臀部位置。

②不得展示低俗的腿部动作，如双腿撑开幅度过大等。

③不得真人试穿情趣丝袜。

（3）封面图中，内裤是不允许真人试穿的。

2.禁止穿着现役或者非现役的军警服饰直播，包括但不限于：

（1）穿着星空迷彩服。

（2）穿着带有军警徽章的服饰。

（3）其他军警服饰。

二、直播间着装规范的主体有哪些？

此规范不仅针对主播本人，出现在直播镜头内的所有人的着装均需符合平台要求。

第三节　如何使用视频社交媒体的 电商功能——以抖音为例

　　抖音电商增长速度迅猛。2018 年 4 月 2 日，今日头条推出电商广告投放工具——鲁班，专门为电商投放精准广告，展示位包括今日头条 APP、火山视频和西瓜视频。

　　抖音也纷纷上线自己的商业化及电商领域产品，并持续深化运营。如 DOU+、抖音购物车、商品橱窗、直播橱窗、蓝 V 企业号、POI 认领、电商研习社……产品和电商教学工具的不断放出，让达人和商家既喜也忧。喜的是终于可以突破广告的桎梏，获得更具长远效益的流量转化方式，忧的是面对崭新的工具不知如何运用，担心一不小心就被善用工具者拉开很大的差距。既有做与不做的纠结，也有怎么做的困惑。

　　2018 年 5 月 17 日，淘宝内容生态负责人闻仲表示，会探索短视频在淘宝的运用，不断细化拍摄模板，打造至少100个短视频的基地，让商家能派单生产短视频，并探索更多互动类短视频。

也曾有传言称，淘宝会给有短视频的商品更高的搜索权重，引得一大波淘宝商家开始踏足短视频制作。其中，不少商家顺手就把商品详情里的短视频转到抖音，完成了和抖音的第一次亲密接触。

对未知事物的迷茫恰如与网友初见。"不怕做错，只怕不做。"第一步轻轻踏出，内容开始集聚，电商短视频眼看大势将至。

一、抖音电商功能简介

1. 抖音电商功能的内容

抖音的电商功能主要包括个人主页橱窗、视频电商、直播电商3个功能。

2. 如何申请

在"设置"中，找到"商品分享功能"，点击"立即开通"。抖音账号粉丝量达1000个即可申请抖音电商功能，只要完成实名认证、发布视频数量大于等于10个，就可以开通电商功能。具体步骤如图10-5所示。

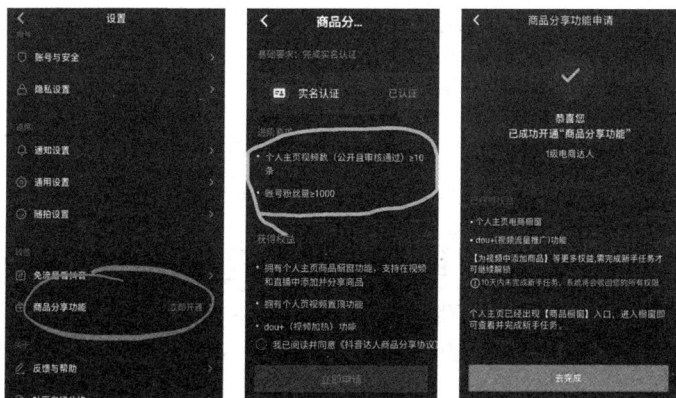

图 10-5　抖音电商功能申请步骤

申请成功之后，需要申请"个人主页商品橱窗"权限，完成新手任务，也就是在橱窗里添加 10 个商品等待审核（审核时长一般 24 小时内），如 10 天内未完成添加 10 个商品，权限会被收回，权限被收回后，7 天内不可再次申请。橱窗权限通过后，才能解锁"视频电商权限"，发布两个带有购物车的视频（注意商品要和视频内容有相关）。有视频电商权限且有直播权限的账号，自动开通"直播电商权限"。

3.购物车和抖音小店、淘宝店的区别

橱窗、购物车是抖音添加商品卖货的功能，支持添加淘宝店和抖音小店的商品。

抖音小店是抖音为自媒体作者提供的内部电商变现

工具，帮助自媒体作者拓宽内容变现渠道。店铺开通之后，可以在头条号、抖音、火山个人主页展示个人的店铺页面。商品可以通过微头条、视频、文字等多种方式进行展示曝光。粉丝可以在今日头条、西瓜视频、火山、抖音 App 内进行内容获取、商品购买，购买用户可以直接转化为粉丝，帮助形成完整的流量闭环，获得更大的成交和收入。

抖音小店相当于淘宝店，不过小店没有独立 App，需要在电脑端把商品上传到后台。

抖音小店优势：小店商品可以直接在抖音 App 内部支付购买，不需跳转到淘宝店，最大化降低跳失率。

抖音小店跟放心购是两回事。抖音小店的商品可以挂到橱窗和购物车，而放心购的不能。

4. 如何在个人主页橱窗和视频中添加商品

橱窗功能开通后，点击个人主页"商品橱窗"—右上角"电商工具箱"—"商品橱窗管理"添加商品。发布视频的同时添加商品，视频发布后不支持添加商品。

（1）商品要加淘宝客。添加商品时提示"该商品还未加入淘宝客，请选择其他商品"或者"该商品无法添加，请选择其他商品"。

"淘宝商品"只支持加入淘宝客推广的商品，出现以上提示说明添加的商品还未加入淘宝客或加入还未生效（加入淘宝客 24 小时后生效）。如果添加的是自己淘宝店的商品，需复制商品淘口令，打开淘宝联盟 APP，通过弹窗提示来检查商品是否成功加入淘宝客；如果添加的不是自己店铺的商品，下载淘宝联盟 APP（淘宝联盟商品都已加入淘宝客），选择商品并复制链接添加。

（2）dsr 标准。店铺的 dsr（描述、服务、物流）要求：除服装类的标准大多为描述高于等于行业平均，服务、物流不低于 4.7 分。添加商品时提示"不支持'描述低于行业平均'的商品推广，请选择其他商品"，说明该商品所属的店铺没达到抖音要求，需要先提升店铺 dsr 或者添加其他店铺的商品。

（3）禁售品类。医疗类、成人用品、投资金融类、安防工具类、管制刀具、违禁工艺品、收藏品类、高仿产品、殡葬、烟草制品、妨害正常秩序产品、危险物品、"三无"产品、宗教类、内衣、宠物活体、蓝光美牙仪、水晶泥等商品暂不支持售卖。

（4）商品标题关键词。添加商品时提示"不支持××推广，请选择其他商品"，检查该商品标题是否存在屏蔽词，比如商品标题中不可以出现抖音、抖音同款、抖友等字样。仔细检查标题，在淘宝修改生效后再提交。

5. 抖音小店的入驻流程

使用电脑浏览器（建议使用谷歌浏览器）访问网址：https://fxg.jinritemai.com/，可以选择头条账号、抖音账号、火山账号任意一种渠道的账号进行注册或登录。

第一步：选择账号登录，注册成功后，登陆方式无法修改，请选择最稳妥的登录方式进行注册。登录界面如图10-6所示。

图 10-6 抖音小店登录界面

第二步：根据你的实际情况，选择"个体工商户入驻"或"企业入驻"，如图10-7所示。

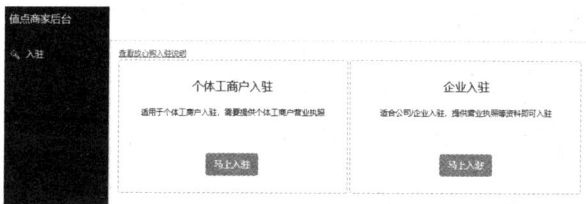

图 10-7 入驻形式

（1）个体工商户入驻流程

A．经营者信息

进入个人入驻页面之后，先填写个人身份信息。证件照需要清晰，分辨率支持识别到有效的个人信息。需提供经营者手持身份证人像面照片，经营者身份证人像面和国徽面照片。个人入驻页面如图 10-8 所示。

图 10-8 个人入驻页面

农产品直播带货一本通

B. 店铺信息

填写店铺的主营类目、店铺的名称、上传店铺的LOGO。普通店铺名称命名不可使用专营店、专卖店、旗舰店等词汇，可以命名为"×××服装店""×××的店"）。请按照要求上传一张1∶1的店铺logo图。图片最好带有明显的识别度，不得使用未经授权的品牌logo。

C. 结算开户：账户信息

填写开户类型，银行卡信息。个体工商户入驻的店铺，开户类型必须选择企业或者个人。（审核时间为1～3个工作日）

D. 签署在线合同

店铺审核通过后，可以签署在线合同（图10-9）。（签署在线合同后，才可以进行正常结算）

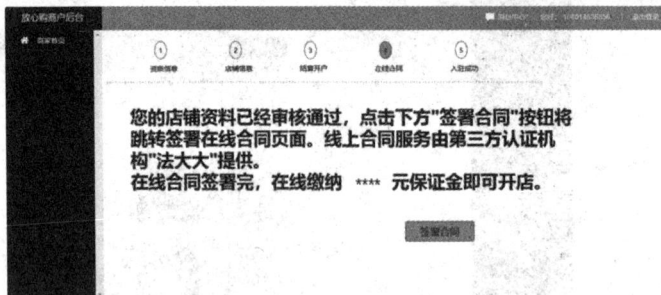

图10-9　签署在线合同页面

E. 缴纳保证金

保证金根据店铺主营类目缴纳，如选择多个一级类目时，保证金按所选类目的最高保证金缴纳。

F. 店铺开通成功。

（2）企业入驻流程

A. 主题信息提交

填写入驻基本信息、企业法人基本信息、企业主体信息等，内容真实即可。

企业数字证书申请表（图 10–10）：需要下载打印，填写全部信息，签字、盖章后上传。（审核时间：1 ~ 3 个工作日）

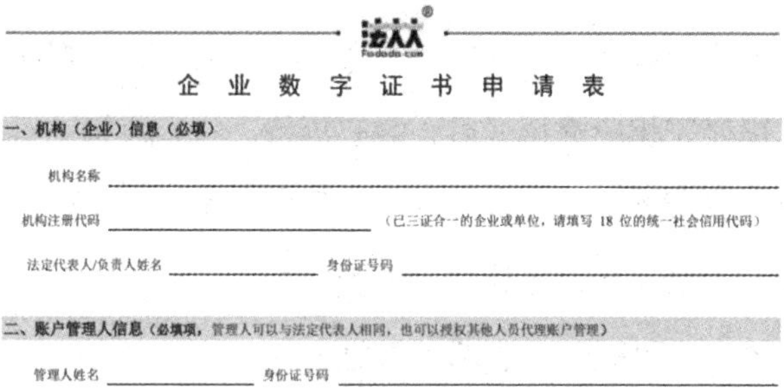

企 业 数 字 证 书 申 请 表

一、机构（企业）信息（必填）

机构名称 ______

机构注册代码 ______ （已三证合一的企业或单位，请填写 18 位的统一社会信用代码）

法定代表人/负责人姓名 ______ 身份证号码 ______

二、账户管理人信息（必填项，管理人可以与法定代表人相同，也可以授权其他人员代理账户管理）

管理人姓名 ______ 身份证号码 ______

图 10–10　企业数字证书申请表

B. 打款验证

主体信息提交后，“法大大”会向企业的对公账户打一笔随机款。“法大大”认证成功后，商户登录商户后台，填写收到的打款金额。

C. 店铺填写提交

须填写店铺 LOGO，其他行业资质，及第三方店铺链接。（审核时间：1 ~ 3 个工作日）

D. 签署在线合同

店铺审核通过后，可以签署在线合同。（签署在线合同后，才可以进行正常结算）

E. 缴纳保证金

保证金根据店铺主营类目缴纳，如选择多个一级类目时，保证金按所选类目的最高保证金缴纳。

F. 企业资质入驻店铺结算开户

店铺成功开通（签署在线合同，已缴纳保证金）后，可以申请结算开户。点击"资产"—"银行账号管理"。

提交完相应资料之后，耐心等待。抖音会第一时间帮企业完成审核，可通过抖音小店后台持续关注审核状态。

6. 抖音小店能否让达人带货

答案是可以的，有两种常见方式：

第一，多抖音号挂一店铺。适合同一人或同一个机构有多个抖音号，且流量需要导入同一个店铺的需求。

第二，商品复合且希望进入精选联盟，找对应运营评估，如评估符合要求可添加进入精选联盟白名单。商品设置佣金后，其他抖音达人即可通过精选联盟选择你的商品进行推广带货，成交订单达人可以赚取佣金。

第四节　直播带货应注意的行为规范

　　相比商城购物，直播带货具有更加直观的观看体验，通过直播互动，观众能够更好地看到不同的产品组合和产品体验，更容易获得观众的青睐，更容易激发观众对于产品的购买欲。不仅一些网红、主播在带货营销，一些著名企业家、明星也涉足直播领域在带货，还有一些地方的领导干部为推动当地产品销售进而成为"网红"。"直播带货"目前正处于快速生长的阶段，随着越来越多品牌、平台、MCN 机构和个人加入"直播带货"大军中，一些不规范的行为甚至乱象也逐渐暴露出来，如刷单、假货、欺诈等问题。

　　总结起来，直播带货存在三大问题。

　　一是价值观导向出现偏差。由于直播具有较大的传播力和影响力，有些主播对于社会主义核心价值观的掌握不到位，传播内容的可信度方面屡屡发生问题；有些主播用低俗、挑逗的语言制造噱头；有些主播夸大产品功效、质量；这些都给消费者带来不良后果和损失。

二是所售商品不合格且不具有相关手续或证明。按照我国法律规定，非法违禁产品禁止售卖，还有些产品的售卖需前置审批，如香烟、非处方药等，另外"三品一械"产品的广告需要经过主管部门批准，"三无"产品亦不可销售。

三是有的平台把控不力。有些平台为追逐流量，在MCN机构和主播入驻审核时把关不严；有些平台对于消费者售后维权没有相关规定，造成消费维权难，直接损害消费者权益；另外，直播营销中频频出现流量造假、成交额造假、抄袭等行为。

为营造良好的市场消费环境，引导网络直播营销活动更加规范，促进网络直播营销业态的健康发展，根据有关规定，中国广告协会在 2020 年 6 月 24 日发布了《网络直播营销行为规范》（以下简称《规范》），并于 2020 年 7 月 1 日正式实施。规范分别对网络直播营销商家、主播、平台和其他参与者做了相关规定，旨在引导和规范网络直播营销活动。

作为自律文件,《规范》主要倡导引导、自律、自治,虽然不具有强制性,但通过一定措施来保障自律的有效实施,如可以视情况进行提示劝诫、督促整改、公开批评,对涉嫌违法的,为政府监管机关依法查处提供线索等。

新实施的《规范》共六章四十四条,对网络直播营销中的商家、主播、平台经营者、主播服务机构和参与用户的行为提出规范。其中,针对网络直播营销活动中所发布的信息,明确不得包含反对《宪法》所确定的基本原则及违反国家法律、法规禁止性规定的,损害国家主权、统一和领土完整的,危害未成年人身心健康的等9类内容。

《规范》对直播营销活动中存在的突出问题进行了引导,如要求全面、真实、准确地披露商品或服务信息,严把直播产品和服务质量关;网络直播营销主体不得利用刷单、炒信等流量造假方式,虚构或篡改交易数据和用户评价。

《规范》对于商家明确规定:应具有与所提供商品或者服务相应的资质、许可,并亮证、亮照经营。对于主播明确规定:在直播活动中,应当保证信息真实、合法,不得对商品和服务进行虚假宣传,欺骗、误导消费者。对于网络直播营销平台明确规定:电商平台类的网络直播营销平台经营者,应当加强对入驻本平台内的商家主体资质的规范,督促商家公示营业执照及与其经营业务有关的行政许可信息；内容平台类的网络直播营销平台经营者应当加强对入驻本平台的商家、主播交易行为的规范，防止主播采取链接跳转等方式，诱导用户线下交易。

《网络直播营销行为规范》（节选）

第四条 网络直播营销活动中所发布的信息不得包含以下内容：

（一）反对宪法所确定的基本原则及违反国家法律、法规禁止性规定的；

（二）损害国家主权、统一和领土完整的；

（三）危害国家安全、泄露国家秘密以及损害国家荣誉和利益的；

（四）含有民族、种族、宗教、性别歧视的；

（五）散布谣言等扰乱社会秩序，破坏社会稳定的；

（六）淫秽、色情、赌博、迷信、恐怖、暴力或者教唆犯罪的；

（七）侮辱、诽谤、恐吓、涉及他人隐私等侵害他人合法权益的；

（八）危害未成年人身心健康的；

（九）其他危害社会公德或者民族优秀文化传统的。

第五条 网络直播营销活动应当全面、真实、准确地披露商品或者服务信息，依法保障消费者的知情权和选择权；严格履行产品责任，严把直播产品和服务质量关；依法依约积极兑现售后承诺，建立健全消费者保护机制，保护消费者的合法权益。

第六条 网络直播营销主体不得利用刷单、炒信等流量造假方式虚构或篡改交易数据和用户评价；不得进行虚假或者引人误解的商业宣传，欺骗、误导消费者。

在网络直播营销中发布商业广告的，应当严格遵守《中华人民共和国广告法》的各项规定。

第七条 网络直播营销主体应当依法履行网络安全与个人信息保护等方面的义务，收集、使用用户个人信息时应当遵守法律、行政法规等相关规定。

第八条 网络直播营销主体应当遵守法律和商业道德，公平参与市场竞争。不得违反法律规定，从事扰乱市场竞争秩序，损害其他经营者或者消费者合法权益的行为。

第九条 网络直播营销主体应当建立健全知识产权保护机制，尊重和保护他人知识产权或涉及第三方的商业秘密及其他专有权利。

第十条 网络直播营销主体之间应当依法或按照平台规则订立合同，明确各自的权利义务。

第十一条　网络直播营销主体应当完善对未成年人的保护机制，注重对未成年人身心健康的保护。

……

第三章　主播

第十九条　主播是指在网络直播营销活动中与用户直接互动交流的人员。

第二十条　主播应当了解与网络直播营销相关的基本知识，掌握一定的专业技能，树立法律意识。

主播入驻网络直播营销平台，应提供真实有效的个人身份、联系方式等信息，信息若有变动，应及时更新并告知。

主播不得违反法律、法规和国家有关规定，将其注册账号转让或出借给他人使用。

第二十一条　主播入驻网络直播营销平台应当进行实名认证，前端呈现可以采用符合法律法规要求的昵称或者其他名称。

主播设定直播账户名称、使用的主播头像与直播间封面图应符合法律和国家有关规定，不得含有违法及不良有害信息。

第二十二条　主播的直播间及直播场所应当符合法律、法规和网络直播营销平台规则的要求，不得在下列场所进行直播：

（一）涉及国家及公共安全的场所；

（二）影响社会正常生产、生活秩序的场所；

（三）影响他人正常生活的场所。

直播间的设置、展示属于商业广告的，应当符合《中华人民共和国广告法》规定。

第二十三条 主播在直播营销中应坚持社会主义核心价值观，遵守社会公德，不得含有以下言行：

（一）带动用户低俗氛围，引导场内低俗互动；

（二）带有性暗示、性挑逗、低俗趣味的；

（三）攻击、诋毁、侮辱、谩骂、骚扰他人的；

（四）在直播活动中吸烟或者变相宣传烟草制品（含电子烟）的；

（五）内容荒诞惊悚，以及易导致他人模仿的危险动作；

（六）其他违反社会主义核心价值观和社会公德的行为。

第二十四条 主播发布的商品、服务内容与商品、服务链接应当保持一致，且实时有效。法律、法规规定需要明示的直接关系消费者生命安全的重要消费信息，应当对用户进行必要、清晰的消费提示。

第二十五条 主播在直播活动中，应当保证信息真实、合法，不得对商品和服务进行虚假宣传，欺骗、误导消费者。

第二十六条 主播在直播活动中做出的承诺，应当遵守法律法规，遵循平台规则，符合其与商家的约定，保障消费者合法权益。

主播应当遵守法律、法规，遵循平台规则，配合网络直播营销平台做好参与互动用户的言论规范管理。

第二十七条 主播在网络直播营销活动中不得损害商家、网络直播营销平台合法利益，不得以任何形式导流用户私下交易，或者从事其他牟取非法利益的行为。

第二十八条 主播向商家、网络直播营销平台等提供的营销数据应当真实，不得采取任何形式进行流量等数据造假，不得采取虚假购买和事后退货等方式骗取商家的佣金。

第二十九条 主播以机构名义进行直播活动的，主播机构应当对与自己签约的个人主播的网络直播营销行为负责。

第四章 网络直播营销平台

第三十条 网络直播营销平台是指在网络直播营销活动中提供直播技术服务的各类社会营销平台，包括电商平台、内容平台、社交平台等。

第三十一条　网络直播营销平台经营者应当依法经营，履行消费者权益保护、知识产权保护、网络安全与个人信息保护等方面的义务。

鼓励、支持网络直播营销平台经营者积极参与行业标准化、行业培训、行业发展质量评估等行业自律公共服务建设。

第三十二条　网络直播营销平台经营者应当要求入驻本平台的市场主体提交其真实身份或资质证明等信息，登记并建立档案。对商家、主播告知的变更信息，应当及时予以审核、变更。

第三十三条　网络直播营销平台经营者应当在以下方面建立、健全和执行平台规则：

（一）建立入驻主体服务协议与规则，明确网络直播营销行为规范、消费者权益保护、知识产权保护等方面的权利和义务；

（二）制定在本平台内禁止推销的商品或服务目录及相应规则；

（三）建立商家、主播信用评价奖惩等信用管理体系，强化商家、主播的合规守信意识；

（四）完善商品和服务交易信息保存制度，依法保存网络直播营销交易相关内容；

（五）完善平台间的争议处理衔接机制，依法为消费者做好信息支持，积极协助消费者维护合法权益；

（六）建立健全知识产权保护规则，完善知识产权投诉处理机制；

（七）建立便捷的投诉、举报机制，公开投诉、举报方式等信息，及时处理投诉、举报；

（八）有利于网络直播营销活动健康发展的其他规则。

第三十四条　网络直播营销平台经营者应当在以下方面加强服务规范，努力提高服务水平，促进行业健康发展：

（一）遵守法律法规，坚持正确导向；

（二）建立和执行各类平台规则；

（三）加强本平台直播营销内容生态审核和内容安全治理；

（四）规范主播准入和营销行为，加强对主播的教育培训及管理；

（五）明确本平台禁止的营销行为，及对违法、不良等营销信息的处置机制；

（六）依法配合有关部门的监督检查，提供必要的资料和数据。

第三十五条　电商平台类的网络直播营销平台经营者，应当加强对入驻本平台内的商家主体资质规范，督促商家依法公示营业执照、与其经营业务有关的行政许可等信息。

第三十六条 内容平台类的网络直播营销平台经营者应当加强对入驻本平台的商家、主播交易行为规范，防止主播采取链接跳转等方式，诱导用户进行线下交易。

第三十七条 社交平台类的网络直播营销平台经营者应当规范内部交易秩序，禁止主播诱导用户绕过合法交易程序在社交群组进行线下交易。

社交平台类的网络直播营销平台经营者，应当采取措施防范主播利用社交群组进行淫秽色情表演、传销、赌博、毒品交易等违法犯罪以及违反网络内容生态治理规定的行为。